LA ESCLAVITUD IGNORADA

Investigación sobre la situación de la mujer

Mercedes Cossío

© 03-2009-012812050500-01 Todos los derechos reservados

© Txu 1-633-230 US Copyright Office

A mi inolvidable ausente

A mis inigualables presentes

La mujer esta condenada a trabajos acumulados aperpetuidad.

Dudé mucho en cuanto al título que debía llevar este libro, si debíaser "El oficio de 24 horas" o "La verdadera infraestructura de lasociedad","Eltrabajoinvisible","Aherrojamientoeconómicode la mujer", "Mexicanas por derecho y olvidadas por tradición", etc.pero en realidad, de todo ésto trata éste libro, el título es lo demenos, cuando lo que se plantéa es una situación de fondo quesubyace en nuestro habitat, en el seno de nuestra sociedad, en elhogar de cada una, en las escuelas, enlas oficinas, en lasfábricas.

Las mujeres debemos vencer nuestra propia inseguridad al escribir, debemos vencer el miedo de que no tenemos nada importante quedecir. A las mujeres nos crían en la ley del silencio, para mi hallegado la hora de hablar, de expresar y plasmar por escrito lasituación de las mujeres, es difícil abarcar todas las situaciones que se dan y abarcar todos los estratos sociales, quizá haya pecado deparcial pues casi siempre me refiero a mujeres de clase media, creo que a pesar de ello el sentimiento de las mujeres -como género- eselmismo,ruegoquesialgunanosesientereflejadaenlassiguientespáginasmediscu lpe,perolaexcepciónconfirmalaregla.

Alguien me decía que nunca se termina un libro, que simplementese abandona pues si no continuaría uno escribiendo y escribiendo;yocreofirmementequedebemoshaceroirnuestrasvoces,venciendoun oaunolosproblemasquesevayanpresentando tomemos como nuestra la acertada frase de Winston Churchill:

"Escribir un libro es una aventura: comienza como una diversión,luego se convierte en una amantey finalmente en un tirano"[1]

---

[1] "Writing a book is an adventure, it begins as an amusement, then it becomes amistress, and finally a tyrant" Winston Churchill

INTRODUCCION

Si por azar del cromosoma "Y" se nace mujer, se comienza el paso por la vida con una enorme desventaja: desde ese momento se leviste de rosa y se le enseña a ser obediente, a subordinarse alhombre.

En este libro, no propongo una solución mágica que simplementeacabaría por añadirse a tantas otras ineficaces, sino que trato deremoverdesdesuscimientosmuchassituacionesquesehanvenido dando por inercia y que sólo podremos desplazar si nosatrevemosarepensarlotodo,reflexionandoseriamenteysustituyendo aquello que hoy es sólo complacencia cómplice, pueslas mujeres nos hemos olvidado de nosotras mismas, nos hemosautoderrotado por la represión de que hemos sido objeto.

Lasociedadhadespojadoalamujerdelasventajasquelanaturaleza le ha dado,de compañera del hombre se ha convertidoprácticamente en su esclava, esclavitud de facto que la ha venidodegradando y es más, lo considera natural, se le educa para esaforma de vida, llegando a preferir las humillaciones que implica, ala libertad y la dignidad.

La mujer está acostumbrada a relegar sus propios intereses: comomadre siempre da prioridad a los hijos; como esposa, antepone losintereses de su marido a los propios, como hija se doblega ante supadre, como profesional permite que sus jefes obtengan el créditopor sus logros; en fin,la mujer siempre ha creido que su misión en la vida es sacrificarse por los demás sin esperar nada a cambio.

Si razonando esta situación no nos sacude, significa que éste librono tendría razón de ser. Asimismo se trata a la mujer como género, las situaciones individuales se citan como ejemplos, no queremosque nadie se sienta ofendido o agredido.

Hay un coeficiente de sobre explotacion en el simple hecho de sermujer, que es necesario erradicar.

Aloshombresdesdelacunaselesconvence,porlogeneral,de que ellos son el centro del universo y de que cualquier tonteria quese les ocurre debe ser festejada y preservada como si fuera de oro.A las mujeres por el contrario, desde el nacimiento se nos enseña asupeditarnos a los demás, en realidad las mujeres hemos perdidolamemoriahistórica;hemossidoobjetodelrobodenosotrasmismas, como diría Kafka, tenemos que reconquistar los espaciosque se nos han ido cerrando, erradicar los tabúes y ganar poco apoco lo que hasta ahora nos ha sido negado.

Estoyciertadequemuchos–sinleerlo–pondránestelibroen ridículo, por temor a lo que en estas hojas se pueda decir, si loconsideran ofensivo es porque temen el fin de su statu quo, pecande miopía, no se dan cuenta de que los tiempos han cambiado deque las mujeres demandamos libertad y reconocimiento como seres humanos y que además constituimos la mitad de la población.

Comprendo que no puede haber una solución satisfactoria paraambaspartes,pueslascondicionesparalamujernoson satisfactoriaspuesnonosencontramosprecisamentedelladoprivilegiado.

A veces resulta difícil separar los temas pues todos entre sí semezclan en una urdimbre de hechos, problemas y sentimientos que indisolublemente van unidos.

En la literatura feminista encontramos una gran cantidad de relatossubjetivosdelospadecimientosdelasmujeres,trataremosdeanalizarlassituac ionesgenerales,complejasdelaexplotaciónmutua, tratando de que el contexto sea lo menos ambiguo posible,evidenciando que las mujeres no son felices.

Soy feminista en tanto que ello signifique estar contra la injusticiaen todas sus formas.

No se puede valorar el grado de dependencia femenina que sea"natural",pues,supuestamente,sermujerimplicaeladmitirgozosamente los deberes que impone el hecho de serlo,por tantono es fácil esgrimir argumentos en favor de la liberación femenina.

Ser mujer es un oficio que requiere todo el valor y todo el tiempo,lamaternidad,losservicios,lostrabajosmasbajosylarutina diaria, destino predeterminado por la sociedad en la que vivimos.

Este libro es para que las mujeres recapaciten en que son seresextraordinariosquehanvividoreprimidasyolvidadasdurantesiglos y quiza también hayan actuado con miedo e indolencia alpermitir que se haya perpetuado durante tantos años esta situación.

Este libro es para todas las mujeres que quieren ser una persona,con ideales, éxitos, realizaciones personales, reconocimiento de sutrabajo, para las que hacen grandes cosas con humildad, sin esperar nada a cambio, para las que son abnegadas, leales, honestas, lasincansables,aunqueestenrendidas,lasinteligentesquenolodemuestran, las que con un gran sentido del humorsoportan todo,para las que a pesar de vivir en un infierno, sonrien. No es posibleseguircallando,sinosotrasnohablamos¿quévaapasarconnuestras hijas? ¿van a seguir viviendo en este mundo masculinodondelamujeressólolasombrasinnombredelcaballeroandante?

Los que se oponen a la libertad femenina creen que al emanciparsela mujer, ello significa el fin del matrimonio, de la moralidad y aun del estado mismo, viéndolo con una miopia absurda, no se trata deanarquismo, ni de ser consecuentes, ni benevolentes, se trata deigualdad, de justicia y de principios.

No es fácil escapar de nociones estereotipadas que prevalecen en la sociedad. Existe un condicionamiento de la mujer que se da desdela infancia cuando las niñas demuestran ser mas brillantes que losniños, no obstante en la adolescencia, las mujeres se reprimen yantelasociedadprevalecientenoquierendemostrarsusuperioridad, lo cual se refleja en su actitud y en su eficiencia.

Desde el punto de vista masculinolos argumentos expuestos eneste libro reflejan una visión unilateral, de género y quizá puedanachacárseles muchos defectos pero desde luego ese precio es pocopara una educacion cartesiana[3]comola mia.

Lasmujeresporsuactitudgeneralmentepasivahanestadocondenadas a observar y reaccionar, en vez de iniciar pero por otrapartetienenmayorconcienciadelacomplcjidad[4]difiricndototalmente de los hombres. Desde luego hay excepciones a laregla, pero sólo nosotras sabemos la de pañales que han lavadonuestras manos-trabajo solo comparable a lavar letrinas- cuandono ha habido o no hay dinero para comprar pañales desechables olavadoras u otra mujer que lo haga por nosotras, así después decambiaralniño,lavarselasmanos,lavarlostrastes,consu

---

2 Génesis 2 versículo 22

3 El conocimiento humano debe ser establecido con certeza matemática, sobre bases de verdades indudables, esafuemi educacion, el resto es producto del acondicionamiento

4 Germaine Greer El Eunuco Femenino p. 111

corolario de manos partidas, "echarle un ojo" a la sopa, atender elteléfono, regañar al otro niño y limpiarle la boca al que tenemoscargado, transcurren nuestras mañanas y se nos va la vida con lacomplejidad e infinidad de cosas que somos capaces de hacer almismo tiempo.

Seconsideraesencialmentefemeninoeldardemamaralosniños oparirytodosevaencadenandoconformeaestafunciónpuramentefisiológica,porlot antolostrabajosfísicosquerequieren un mayor esfuerzo como picar piedra o cargar bultos seconsideran puramente masculinos, aunque yo diria que parir se lastrae y llevar cargando un hijo nueve meses no es asunto sencillo,comparémoslo a cargar una sandía durante nueve meses, aunado al amamantar al hijo que tampoco es muy agradable -andar todo eltiempo con los brazos en alto, pegajosas y mojadas-, desde luego el complejo de culpa que se le crea a la que "no es una buena madre"por no amamantar al hijo es grave, incluso la television condicionael amamantamiento infantil por razones quizásválidas, pero desde luego de condicionamiento.

A todos estos conceptos de características inducidas es lo que sellama el "mito del eterno femenino" o el "estereotipo" que dominanuestracultura[5]enlacuallasexualidadfemeninahasidodisimuladaydeforma daparalamayoriadelosobservadorespues alamujerselaconsideracomoobjetosexual,parausoyaprecio de otros seres sexuales[6]en fin que tener senos resulta como unaenorme piedra de molino que llevamos por siempre colgada alcuello.

Asínuestraculturapromueveelpapeldesumisión,inclusomasoquista como el que más le conviene a la mujer: no tiene porquétomardecisiones,niasumirriesgos,nuncaestásola,noes

---

[5] Ibidem p. 13

[6] Ibidem

independiente, carece de integridad y no se enfrenta al problema de vivir mediante unaactividad productiva.[7]

A la mujer en este contexto los **hijos** le son falsamente presentados comolaúnicacontribuciónsignificativaquepuedeaportaralmatrimonio y a la sociedad, es la expresión de su creatividad y eltrabajo de su vida, de hecho,dejan de vivir por ellas para vivir por los hijos y luego esto se les reprocha. A la mujer se le presentan los hijos como un deber y el matrimonioes pues su yugo inevitable.

En la antigua Roma se denominaba "fámula" al esclavo domésticoy "familia" designaba el conjunto de esclavos pertenecientes a unmismohombreinclusosemencionaba"Lafamiliaidestpatrimonium" se consideraba parte de la herencia y comprendía lamujer, los hijos y los esclavos con derecho de vida y muerte sobreellos.[8]

La presencia de la mujer en la familia como la conocemos hoy día,esfundamental,lasociedadhadepositadoenlamujerlasprincipales faenas del hogar tareas que le consumen agobiantesjornadas de trabajo, pero resulta paradójico que el hogar sea a lavezelsitiodesusafectosysufuentedefrustración.Desdepequeñasselesinculcaalas mujereslaculturadeladependencia y se les arraiga la idea de que han nacido para servir y que laabnegaciónessinónimodeobedienciayestosprincipiosseconsideran casi inmutables.

---

[7] Cfr. Ibidem p. 100 cita a Erich Fromm The art of loving Londres 1969 p. 20 cita la teoría freudiana de la convicción masculina de que lamujeres un hombre castrado.

[8] Patricia Rodríguez Saravia, "¿Engels, Feminista?" en Excelsior Julio 4, 1986 p. 4

EL CAMINO A LA LIBERACION

"Ninguna mujer puede vencer a Dios. El es un hombre"[9]

Hayquevivirparasímisma.Esnecesarioliberarlaimagen clásicadelacondiciónfemenina,delestereotipo.Lamujerno puedeaceptarconscientementeunaformadevidaquenohaescogido, sino que le ha sido impuestacomo consecuencia de unaserie de eventualidades. El hombre está asustado pues el conceptode "macho"está en decadencia, aunque sobrevive en otras formasno ya de opresión dominante y violenta, sino que trata de recuperar aquel estereotipo clásico de la mujer que se le está escapando:mujersumisa,casa,familia,etc.Laautodeterminaciondelasmujeres es el poder de las mujeres de deshacerse de todos lostabúes de la sociedad paternalista, así ser mujer será un oficio deautenticidadydevalor,eslaadmisiondelosdeberesqueimpone la razón.

Lasmujeresnosesforzamosporescaparalasimágenesquenos han impuesto, sin embargo una ventaja de pertenecer a una especie despreciada es que se tiene total libertad de hacer cualquier cosaque se le ocurra a una en pos de esa libertad, al fin y al cabo sóloeres unamujer, nadie te hacemuchocaso.

EnplenosigloXXIMéxicoconservasuapegoalatradiciónvictoriana:mujerfiel,abne gada,servicial,dominada;hombreinfiel,autoritario,exigente,experimentado.Lam ujernecesitaliberarse de sí misma, de esa imagen que le han dado los siglos, las tradiciones, lo cotidiano y lo establecido[10]

---

[9] G, Greer op.cit. P. 18

[10] Ibidem

Cuando la mujer se da cuenta de que está ligada por un millón dehilillos liliputienses a una actitud de impotencia y odio disfrazadosde tranquilidad y amor,[11]es necesario un cambio total interno parapoder despertar de la estúpida servidumbre en que se ha convertido su existencia que la ha convertido en un ser sin identidad ya queseparadanoesnadie,noesmásqueunapartedeellos:delesposo y los hijos

Sería demasiado fácil ofrecer a las mujeres una forma diferente derenunciación de sí mismas. Las mujeres tienen bastante con lo quehan sufrido hasta ahora, por tanto, el fin no puede justificar losmedios si en el camino a la conciencia la mujer descubre que sucamino sólo conduce a más disciplina e incomprensión permanente con sus corolarios de amargura y mayor empequeñecimiento, pormuy deslumbrante que sea el objetivo quepudiera justificar talsufrimiento, (matrimonio, casa, hijos, etc.) deberá comprender queel camino es equivocadoy el fin unafalacia.[12]

La condición de esposa requiere saber **renunciar** a muchas cosas,derepentedespiertasytedascuentadequenopuedesyamantenerteatimisma,q uetodosaquellosconocimientosadquiridosantesdelmatrimoniosehanatrofiadodes dehacemucho tiempo.

Es equivocado creer que uno puede retirarse durante seis o sieteaños mientras crecen los niños y luego reanudar su carrera como sinada hubiera sucedido[13]pero sí ha sucedido, en esos años de retironoshemosvueltodependientesdelmarido,noshemosllenadode

---

[11] Ibidem p. 118

[12] Cfr. Ibidem p. 18

[13] C. Dowling, El complejo de Cenicienta p. 173

obligaciones y de deberes, nos hemos dedicado por completo tantoaloshijoscomoalmarido,enfinnohemoscrecido,profesionalmente,eneselaps odetiempoelespososehaidolabrando una carrera, ha mejorado de puesto, los años de trabajohancontado,mientrasquenosotrashemospermanecido enmoheciéndonos, oyendo las voces de los niños y de la televisión, nos hemos apartado del mundo y sólo al querer retomar el rumboquehabíamosdejadoañosatrás,nosdamoscuentadecuantohemos perdido.

Elhechodehabersevueltodependientedeotroproducedesconfianza en uno mismo, pues tendemos a rebajar nuestra valíay a minimizar nuestras aptitudes

Decía Federico García Lorca[14]"a los hombres. se les perdona todo. Nacer mujer es el mayor castigo y ni nuestros ojos ni siquiera nospertenecen"

Como primer ejercicio una mujer libre debe idear su propia formadesublevación.[15]Cuantomasclaramentevealasformasdeopresión de las que es objeto mas claramente verá cúal debe ser laaccion futura quedebe emprender.

No debemos olvidar que la **libertad** es frágil y debe ser protegida,sacrificarlaaunqueseademaneratemporalestraicionarla.Lalibertad así entendida es aterradora, pero también vigorizante.

---

[14] Federico García Lorca, La casa de Bernarda Alba, México, Porrua, 1985 (Sepan Cuantos No. 255) 251 pp., p. 199

[15] Cfr. Ibidem p. 19

Reivindiquemos nuestra liberación y autonomía y no aceptemos atítulo personal vivir en un estado de real dependencia. Nadie tienederechoacoartarlalibertaddeotro,niarelegaraotro,nia castigaraotro,hombresymujeressomosigualesfrentealaley, sinembargolamujerhasidosiemprerelegadaalosoficiospequeños, a la rutina, a las cuatro paredes de sus hogares, a laincomprensión y a la soledad.

Cuandosetratadeexponernuestraopiniónenpúblicosomos declaradas feministas, reivindicando bien alto nuestra liberación,sinembargoaceptamosatítuloindividualvivirenunarealy franca dependencia.

Cuanta razón tiene MiguelAngel Asturias[16]cuando dice:

"...por mucho que tuviera alas no se iríaDe cierto que no, y no por su bella gracia, sino porquela mujer espájaro
que no se aviene a vivir sin jaula..."

De hecho resulta muy difícil cambiar el statu quo después de todolo que las mujeres han abandonado por estar dentro del hogar,alguien o algo les ha cortado las alas y no se ha preocupado deenseñarles a volar, pues desde el momento en que se casannovuelvenatomarningunadecisiónindependiente,niaunlasrelacionadas con su propia vida.

Es necesario concebir la **liberación** desde un nuevo punto de vistabasado en la imagen clásica de la condición femenina dentro delhogar,noconcibiendoalamujercomolaquedebedarplacerola

---

[16] Miguel Angel Asturias, El señor presidente, 21a. ed. Argentina, Ed. Losada, 1976, 298 pp. (Biblioteca Clásicay

Contemporánea No.343) p. 28

que debe prestar servicios al núcleo familiar, lo que hace que lamujersesientaelcentromismodelhogar,sinoporelconvencimiento de que egoistamente ese hecho le reporta a ellamisma algo positivo al dar alegria de vivir a los niños, fuerza devivir a los hombres y gustode vivir a los viejos.[17]

Debemos tener en mente que la mal llamada inferioridad femeninaesunhechodeculturaynosotrastenemosquedestruireseprejuicio.

Lamujernodebeolvidarquetieneunaresponsabilidadparaconsigo misma como persona, esta vida sólo es una, el tiempotranscurrerapidamente,poresosóloconunpocodeegoismopuede hacerlo atendiéndose a ella misma, sus deseos, sus anhelos,su desarrollo personal, su realizacion profesional, no debe puesolvidar su papel como ser humano en aras de complacer a otro serhumano No debemos estar condenadas a soportar aquello que másdetestamos eso es algo absolutamente chejoviano[18]

Las mujeres han esperado 20 siglos para entender que su liberación se tiene que hacer con o sin el beneplácito de los hombres[19]

Felizmentehemosdescubiertoquelacaridadbienentendidacomienza por uno mismo, lo que aun no puedo entender es por qué el mal llamado **egoismo** femenino es considerado como un vicio,las mujeres no tienen derecho ni a un minuto de descanso: se da elcasodequerendidasportodoundíadetrabajo,alterminaralfin

---

[17] Cfr. vid Christiane Collange, Je veux rentrer a` la maison, 1a.Ed., Paris, France, Bernard Grasset, 1979, 190pp. (Collection Humeurs) p. 21

[18] Antón Chejov , El Tio Vania, El jardín de los cerezos, Las tres hermanas, La gaviota, en sus propiaspalabras "no deseo mostrar una convención social, sino mostrar a unos seres humanos que aman, lloran, piensan y ríen"se usael adjetivo"chejoviano"para definir los vacíos del tedio

[19] Ambra Polidori "La nueva estrategia del marxista-leninista" p. 17

de dar de cenar y lo que esto implica, por fin se tiran en un sillón aleer o ver televisión y el marido se ofende porque no se le prestaatención y dice ampulosamente que mejor se va a la calle o cosaspor el estilo.

Se considera que somos egoistas por distraernos un rato y, si estono es así para todas cuanto mejor, pero se nos tilda de egoistas apesar de que nosotras podemos quedarnos sin comer con tal de que el marido o los hijos tengan una porción mayor de carne, fruta opastel, pero aun en esas circunstancias se nos dice que a nosotrasnosdaigual-aunquenuestraspapilasgustativasseesténdesgarrando-, que lo que pasa es que a nosotras aquello no nosgusta, desde luego es porque somos egoistas.

Somos asimismo egoistas cuando nos desvelamos por cuidar al que se enfermó o cuando a pesar del terrible dolor deespalda nosponemos a planchar las camisas del esposo para que el siempreaparezca ante todos como salido del GQ. Egoismo sería no hacerloy ocupar el tiempo en algo que realmente nos satisfaciera. Quéacaso cuando las enfermas llegamos a ser nosotras ¡Ni Dios loquiera!elmaridosedesvelaporcuidarnos,no,éltienequetrabajar,somosnosotrasla senfermaslasqueponemosel despertador para tomar la penicilina y que él no se moleste; ¿acasoél alguna vez se toma la molestia de servirle a una el vaso de aguaque desea?, si alguno lo hace le ofrezco mis disculpas, pero laexcepcionconfirmalaregla,acaso¿algunoalzasuropa?,novayamos a calcular la cantidad de veces que nos hemos agachado a recogerloscalcetinesdenuestrosmaridos.Pregunto¿esos calcetines desperdigados por ahi no podrían haber sido puestos enel cesto de la ropa sucia? no digamos los trajes y toda la demásropa. Preguntemos nuevamente¿Quien es mas egoista? ¿ Que alhombreselevaadisculparsiempresuenormeegoismosólo porqueeselproveedordeldinerofamiliar?Ahora,nosiemprees el proveedor económico único pues ya muchas mujeres trabajanfuera de sushogares percibiendouningresoextra que viene anivelar el presupuesto familiar, sin embargo la mujer provee ycompra las cosas para el hogar con esos recursos,¿Eso es también egoismo?

Si quieres lo mejor hazlo tu mismo[20]dicen los franceses, eso seaplica a todas las mujeres, simplemente no hay quien lo haga pornosotras.

---

[20] Cfr Vid Margaret Fuller "The great Lawsuit" pp 144-182, in Alice S. Rossi The feminist papers p. 166 "I must depend on myself as the only constant friend. This self dependence, which was honored in me isdepreciated as a fault inmostwomen"

ESCOLARIDAD

"Mujer que sabe latín

Ni tiene marido

Ni tiene buen fin"

La **escolaridad femenina** en el mundo es inferior en promedio a la del hombre, para 1990 el número de mujeres analfabetas en elmundo fue de 539 millones por lo que se plantea la necesidad deimplementarprogramasdealfabetizaciónparaquelasmujeres puedan asumir sus derechos.

EnMéxicoelmayorporcentajedeanalfabetismoseencuentra entre las mujeres. Sólo un 4 % de las mujeres llega a la educaciónsuperior y éstas no suelen ejercer porque convierten la profesión de esposa y madre enuna carrera de tiempo completo

Por eso la historia la han escrito los hombres porque hasta hacepoco casi a ninguna mujer se le enseñaba a escribir.

En la mayoría de los países, con excepción de Africa y Asia, lainscripción de niñas en escuelasprimarias ha alcanzado paridadcon la de los niños, pero en promedio, a la edad de 18 años lasjóveneshanrecibido4.4añosmenosdeeducaciónqueloshombres[21]

ElconceptodeinferioridadfemeninayaapareceenEurípides, quiendesignaalamujercomo"oikurema""cosadestinadaal

---

[21] Centro de Información de las Naciones Unidas para México, Cuba y República Dominicana

cuidadodelhogardoméstico"(lapalabraesneutral)siendola mujer para el ateniense sólo la criadaprincipal[22]

Hay que vencer asimismo toda una serie de supuestos sobre el"sexo mental"que opacan la cuestión sobre la capacidad mentalfemeninarecordemoscuandoMadamedeStaëllepreguntaaNapoleón "General ¿cual es a sus ojos la mujer más importante?"NapoleónlerespondiódesconociendoelgeniodeMadamede Staël: "Madame, aquella que da más hijos a su esposo"[23]

Por su parte John Stuart Mill[24]dice que las mujeres que leen o lasmujeres que escriben son, en el existente estado de cosas, unacontradicciónyunelementodedisturbioyesequivocadoelbrindar a las mujeres cualquiera otros conocimientos que aquellosde una odalisca o unsirviente doméstico.

Asimismo Judith Sargent Murray (1751-1820) se cuestiona en unartículopublicadoen"MassachusetsMagazine"en1790siesciertoquelamitaddel aespeciehumanaseasuperiormentalmente, si es mas sabio un niño de dos años que una niña dela misma edad. Cuando crecen la niña se queda en casa a hacer lostrabajos domésticos y el niño es llevado a través de la ciencia[25]

De igual manera Talleyrand[26]propuso en su libro "Reporte sobre la Instrucción Pública" que las muchachas francesas fueran educadascon sus hermanos en las escuelas públicas hasta la edad de ochoañosydesdeesemomentodebíanpermanecerensushogares

---

[22] Patricia Rodríguez Saravia "¿Engels, feminista?" en Excelsior Julio 4, 1986 p. 4Sobre Eurípides era un poeta griego nacido en Salamina (480 a 406 a de c.)entre sus obras están Ifigenia en Aulide, Ifigenia enTaulide, Electra,Las Bacantes, etc.

[23] Citado por Gertrude Aretz Mujeres Famosas p. 291

[24] John Stuart Mill The subjection of women p. 206 "It was wrong to bring women ufowith any acquirements but those of an odalisque,or of a domestic servant"

[25] Citado por A, Rossi The feminist papers p. 16

[26] Talleyrand (1754-1838) Nació en Paris Primero fue obispo de Autun y fue presidente de la Asamblea Nacional(1790)ministro durante el Directorio, el Consulado el Imperio y la Restauración Ambicioso einteligente, sirvióy traicionóatodos los regímenes.

donde sus intereses y actividades serían normalmente el centro delrestodesusvidas.PorestarazónMaryWollstonecraft(1759- 1797) dedica su libro "A vindication of the rights of woman" aTalleyrandylourgeenelprefacioarevivirsuplaneducacionaly a nonegarles a lasmujeres sus derechos democráticos[27]

EnunestudioquesellevóacaboenCalifornia,EUseidentificaronmásde600alumnos conunIQsuperiora135(cociente muy elevado atribuido solamente al uno por ciento de lapoblación)Estecocienteintelectualguardaestrecharelacióncon lasrealizacionesyéxitosmasculinosLosprogresosdeestosalumnos– hombresymujeres-sesiguieronhastasuvidaadultay seencontróquedosterciosdelasmujeresconuncocienteintelectualde170omascorre spondientealgenio,estabanocupadascomoamasdecasaoempleadasdeoficinadepo ca categoría[28]El desaprovechar el talento de las mujeres de esta forma es en realidad una pérdida de "cerebros" mayor para el país que lade aquellos que emigran.

Por otra parte un buen número de amas de casa se subestima por elhechodenohaberacabadosusestudiosoporque porhaberse casado no han utilizado sus títulos para ejercer dentro del mundolaboral, como decía mi abuela "para qué estudias tanto si vas aacabar friendo frijoles en inglés y en francés"

En México a principios del siglo XX las mujeres aspiraban cuandomucho a estudiar para profesoras o secretarias, nunca para puestosde importancia y esto era tan solo "MMC"o sea "mientras mecaso"Tenemos el caso de Clementina Bassols quien aprendió aleer sola y al llegar a la escuela preparatoria había 30 muchachasestudiantesdelascuálessólosieteserecibierondebachilleresy

---

[27] Citado por A. Rossi The feminist Papers p. 29 Cfr.vid Frances Wright "Education" en Ibidem pp.100- 107.

[28] Citado por Colette Dowling, El complejode Cenicienta pp. 46-47

dos ingresaron a la Escuela de Leyes siendo doña Clementina laprimera mujer en titularse de abogado en 1920[29]

El hecho de combinar una carrera con la vida hogareña es un actode malabarismo que inhibe a las mujeres y con frecuencia creasentimientos de incapacidad, angustia y culpa[30]

Para el ciclo escolar 1996-97 en las escuelas del país,el 49.7 % de la matrícula pre-escolar era de niñas, ya para primaria se empiezana ver las diferencias sólo el 48.4 %; en secundaria sigue un 48 %,enpreparatoria47.7%,yeneducaciónsuperiorsóloel44.4%de lamatrículaesdemujeres[31]SegúnelCensoGeneraldePoblación y Vivienda del INEGI, en el año 2000 el promedio de mujeres coneducaciónsuperiorcompletadeentre25y65añosymasesdeun 36.30 % en comparación con los hombres que tienen el 63.70 %

Miles de argumentos han sido esgrimidos a través de la historia por misóginos[32]irreductibles a fin de probarnos nuestra **inferioridad.**InclusonospidenquecitemosaunMiguelAngeloaunChopin delsexofemenino,cuandolasmujereshastaelsigloXIXescuando empiezan a llegar a la enseñanza superior y empiezan aasumir un cierto gradode libertad de esa opresión delsistemamasculino de la sociedad en que habían vivido desde siglos atrás,porqueloshombresnormalmenteseatribuyenlasfunciones"superiores" concluyendo que las "labores sublimes del hogar" son subalternas, por tanto aburridas y desde luego fáciles de hacer, sinque revistan ningúninterés, en una palabra "inferiores", desdeluego son aburridas, pues qué interés puede revestir el tender unacama o el lavar la ropa, no tiene mayor ciencia, ni requiere mayorespecialización,perocontienenunabuenadosisdeesfuerzo,de

---

[29] I. Tinoco "Clementina Bassols" en Excelsior p. 4

[30] Shreve, Anita "Ya laboran dos tercios de las madres en Estados Unidos" en Excelsior diario, México Septiembre 18, 1984pp.1,3p. 3

[31] S. Sarmiento op. Cit. p. 8-A

[32] Misógino: adjetivo, Enemigo de la mujer

trabajofísicoydesdeluegoproporcionanuningredienteinapreciable: comodidad para el que se beneficia de ese trabajoinvisible.

Hacíamos referencia a la opresión y al tutelaje que han venidopadeciendo las mujeres y algunos grupos sociales como es el casode los judios o los negros. En el caso de los judios ellos se hanreivindicadoapartirdequetuvieronunpocodelibertadyaccedieronalaenseñanza superior convirtiéndoseencreadorescomo Freud o Einstein, sin embargo las mujeres –como género- yasea esposas o prostitutas, son la clase mas despreciada. Citando aMarilyn French[33]en Estados Unidos tal vez se odie a los negros o alospuertorriqueños,éstosasustanunpoco,lasmujeres,sinembargo, ni siquiera gozan del respeto del miedo.

El 19 de Noviembre de 1979 el gobierno norteamericano prohibiócualquier discriminación a estudiantes que se base en la manera devestirparairalaescuela.Losniñospodránirpeinadoscomo niñas,lasniñasconpantalónoconsombreromexicanopuesprohibírselo   sería discriminar su ascendencia nacional, conforme alaleyfirmadaporPatriciaHarrisministraestadounidensedeeducación[34]

GermaineGreer,feministaacérrima,[35]hacetodounestudiode como se "castra" a la mujer desde la cuna sometiéndola a toda unaserie de presiones que van a determinar su actitudfemenina.
Poco a poco la mujer se va dando cuenta de que está sola, de quelosdemássólo demandancosasdeella,raravezledicenuna palabra amable, ni qué pensar de que ocasionalmente   le   echen unamanosinqueellalopida,derepentesedacuentadequellevaa

---

[33] M. French Mujeres p. 16

[34] "No discriminarán por el vestido a escolares de EU" Excelsior 21 de Noviembre 1979 p. 36-A "Lasnormas en el vestir sehan utilizado para mantenermitos sexuales y para discriminar a negros o hispánicos por las costumbres normales de éstos".

[35] Acérrima- Tenaz, defensora de una causa,G. Greer El eunucofemenino, Castrar: debilitar apocar

cuestas toda una carga de responsabilidades: por una parte la vidaajetreada que lleva diariamente le da una sensación de seguridad,pero en realidad se ha desprendido de su libertad, ha dejado devivir.

MATRIMONIO

Noesalainstitucióndelmatrimonioaloqueseoponenlamayoría de las feministas, sino a la idea de que una vida plena para la mujer consiste en realizar las tareas de la casa, criar a los hijos yaceptar asu marido como lazo de unión conel mundo exterior[36]

Analizando las reglas no escritas pero en nuestra sociedad aunvigentes: sólo puedes practicar el sexo si estás casada, debes puescontraer matrimonio con una persona del sexo opuesto, del mismocolor y religión, de una edad aproximada a la tuya, del nivel socialyeconómicoadecuadoyhastadelaalturaadecuada,sinote amenazan con desheredarte o con no ir a la boda[37]Todo este bagaje institucionalloarrastramosdesdetiemposinmemoriales;el matrimonio se les ofrece pues a las mujeres como una situación deprivilegio por las consecuencias que puede tener el ser una madresoltera[38]

Lo que oprime a las mujeres es la respuesta femenina **el "si"** que la lleva derechito al papel de "ama de casa". Esa respuesta femenina:"teamo"noshaceasumirelpapelquesenosasignayqueaceptamosconentu siasmo,contentísimasdededicarnosalas"labores propias del hogar" emocionadas con aquellas palabras deMelchorOcampode"lamujerespalomaparaelnido"sinembargo a la hora de educar a los hijos, ocuparse diariamente delmarido y efectuar todos los trabajos añadidos al título de "esposa ymadre", ésto no se considera una profesión, no se puede valorar entérminos económicos, no cuenta, son tareas que están totalmentedesvalorizadas, es más,nunca se lesha dado algún valor.

---

[36] Cfr. vid Gretchen Travis El Inquilino, Buenos Aires Argentina,Javier Vergara Editor, 1978, 307 pp. p 11.

[37] M. French, op. Cit. P. 289

[38] Suzanne Lafollette "Concerning women" en Alice S Rossi The feminist papers p. 555

Desde el momento en que se presenta la oportunidad de apoyarseenalguien,secesadeavanzar,sedejandetomardecisiones,incluso se deja de ver a los amigos "me había bastado un momento de bienestar para deslizarme de nuevo hacia el papel tradicional desimple auxiliar femenina. Una subordinada. Una amanuense. Lamecanógrafa de los sueños de otra persona"[39]

Casi sin darse cuenta se va permitiendo que otra persona asumaautoridad sobre uno mediante un acuerdo tácito y mutuo que no sefunda en nada. Llega un momento en que se es la mamá de…, laesposa de…,peroYO he dejado de existir.

Ladichosavidahogareñatienemúltiplesobligacionesymuypocosderechos,casisins erconscienteseempiezaapedir**permisos**paramuchascosas"Inevitablementecreció mideferencia hacia él. Comencé a sentirme intimidada por el hombreque me mantenía"[40]Somos unas mujeres adultas de 25, 30 o masaños pidiendo permiso para ir a una reunión con las amigas queposiblemente termine después de las 10de la noche.

Existeuna**inclinaciónhacialadependencia**yéstacausaproblemas al ama de casa protegida que tiene que pedir permiso asu marido para comprarse un vestido. Este subordinarse a otro, esta dependencia económica y sicológica, que no es otra cosa que eldeseodequeotraspersonascuidendenosotras,esloquemantiene sujetas a las mujeres, es a lo que Colette Dowling le dael nombre de "complejo de Cenicienta" ya que las mujeres comoCenicientasesperan"algo"quedesdeelexteriorvenga

---

[39] Colette Dowling, El complejo de Cenicienta, p. 22 Cita a Simone de Beauvoir "las mujeres aceptan el papel de persona sumisa 'para evitar el esfuerzo que supone tomar a su cargo una existencia auténtica'"[40]Colette Dowling. El Complejo de Cenicienta p. 25

milagrosamente a transformar sus vidas, viviendo entre tanto enuna especie de limbo de su propia creación desenvolviéndose pordebajo de sus posibilidades,[41]sin poder vencer los temores que noles permiten alejarse del fuego del hogar.

Essorprendenteeltiempoquesepuedevivirsindecidir prácticamente nada, sin tomar decisiones por nuestra propia cuenta en aras de **darle sulugar al señor** de la casa

CitandoaMarilynFrench[42]"sehabíavendidoaBillsabiendo perfectamente quéhacía y con intenciones honradas. Cumpliría su parte del trato, sería consorte, criada y yegua de cría y él pagaríasus servicios. Se mantendría fiel, puesto que esa era una de lascondiciones,...nogozabandeunasituaciónholgada,perocomían...el era la seguridad. No había salida una mujer tenía quecasarse." De hecho la identidad femenina se da como: "la esposade…" o "lamamáde…."

Cuandoalgunapiensaquesumatrimonioesmuchomejorque otros que conoce, es porque espera menos, espera ir tirando…

¿No les parece injusto que se demerite, se ignore y se desprecie lalabor de la mujer en su hogar marital? Estamos convencidas quedebe haber un cambio, una reforma equitativa del sistema bajo elque viven millones y millones de parejas. El marido se levanta,come el desayuno que le preparó su mujer y se va a trabajar yaganar el dinero con el que mantiene su hogar y asi lo domina. Lamujer en cambio se queda en casa a cargo del diario e interminable quéhacer, resolviendo los múltiples problemas diariosy por esetrabajo no se le paga nada, a pesar de que su labor es diaria yesencial para el desarrollo conveniente de la sociedad conyugal,**sóloseleexigeyraravezseleagradece**[43]MarilynFrenchnos

---

[41] Ibidem p. 35 Cfr. K. Marx y F. EngelsLa sagrada familia p. 210 "Où peut-êtremieux qu'au sein de sa famille?" (donde

puede unoestarmejor que en el seno de sufamilia?)

[42] Marilin FrenchMujeresp. 131

[43] Alfredo La Mont "Sin Maquillaje" Excelsior 13 Junio 1999 p. 2-B

dice que entre las personas que ella mas respeta está el maestroCassirerquieninsisteenquehay"almashermosas"yqueelexterior no puede manchar el interior, presuponiendo que la menteespreeminenteypuedetrascendertodadegradacióncorporal,afirmación con la que ella no está de acuerdo pues "cuando tucuerpo tiene que ocuparse todo el día de la caca y de las judías tumente también lo hace"[44]Volvemos al condicionamiento,a laafirmación de que esa es la naturaleza, no hay salida, la mujer debe someterse y obtener lo mejor de aquello que no puede cambiar,perotenemoslarebelión,lamentenosedejadominartanfácilmente,el resentimiento contra la naturaleza misma,[45]las cosastienen que cambiar hay muchas mujeres que han emprendido elcamino a la libertad, Considerandoque la mujer nunca ha tenidounminutoparaelocioydadoqueelpensarsedesarrollaenel ocio, a la mujer no se le haconcedido este derecho

Lasrelacionesmatrimonialesimplicanlegalidad,seguridadypermanencia,dichasre lacionessonreconocidaspornuestrasociedadperoestasrelacionesmatrimonialesso ncoercitivasysimbióticas y están determinadas económicamente, por lo que lasmujeresdebentratardeserautosuficientesyevitarconscientemente el establecimiento de dependencias y demás tiposdesimbiosis[46]CitandoaStuart Mill[47]"La relación matrimonialconstituida por la ley es tal que yo conscientemente la desaprueboentre otras razones porque confiere sobre una de las partes delcontratopoderlegalycontrolsobrelapersona,propiedadesy libertaddeaccióndelaotraparte,independientementedesus propios deseos y voluntad"

G. Greer cita a F.A.E Crew[48]"¿Cual consideras tú que es mi debermássagrado?–Tudeberhaciatuesposoytushijos.Ellaobjetó:

---

[44] M. French, op. Cit. P. 51

[45] Ibidem p. 53

[46] G. Greer op. Cit. Pp. 17-18

[47] John Stuart Mill"Prestige from the other sex" en The feminist papers p. 191

[48] FAE Crew Sex Determination Londres 1954 p. 54

Tengootrodeberigualmentesagrado…mideberhaciamimisma…creo que antes que nada soy un ser humano, tanto como lo erestu…oqueentodocaso,debointentarserlo"Sobranlos ejemplos, como el caso de la primera mujer que recibió el título deabogada en México, Clementina Batalla de Bassols quien en unaentrevista afirma "Acepté de buen grado las cantidades que mimaridodesignabaparalosgastosdelhogar–nuncaejercímiprofesión de abogada pues en un trato con mi esposo, decidimosque me dedicaría a mis hijos y a mi hogar-no brillé como mujerelegante pero tampoco hice el ridículo. Durante la estancia en otros países visité museos, asistí a conciertos, a charlas, hice la vidadiplomática a que estaba obligada, no con gran agrado pero sí aconciencia"[49]EnplenosigloXXI¿Cuántaspuedendecirlomismo?

Alpasodeltiempoinnumerablesvelospoéticoshancaídosobre lasmonótonas labores femeninas y a cambio de su libertad lamujer ha recibido el falso tesoro de su "femineidad". Simone deBeauvoir[50]citando a Balzac ilustra esta manipulación muy bien,aconsejando al hombre tratar a la mujer como una esclava, peropersuadiéndola de que ella es una reina y cuando se enjuicialaestructurapatriarcaldelasociedadescuandosedanlos enfrentamientos,[51]se ha llegado a pensar que es una lucha mujercontra hombre porque se produce una cadena: el esposo llega de lacalle a maltratar a su esposa porqueél a su vez tuvo problemas en

el trabajo y la única forma que tiene para aliviar su propia opresión es desquitándosecon el ser mas débil y cercano a él:su esposa[52]

Lasmujeresacausadetradicionesyusosancestralesmuchas veces no son capaces de ver el problema, se encuentran con lamuralladesupropiaimagenestereotipada,casisiempresecundan

---

[49] I. Tinoco "Clementina Bassols" Excelsior p. 4

[50] Simone de Beauvoir The second sex p. 801

[51] Ambra Polidori La nueva estrategia del marxista leninista, en Unomas Uno, diario , 30 de Mayo de 1980, p. 17

[52] Cfr. vid Maria Idalia Evolucion de la ideap. 3

alesposoensusactividadessocialesyaceptandentrodeesarelaciónmediatizadaeltriu nfodelmaridocomosupropiarealización

Atadasalasresponsabilidadesqueimplicaelseresposa,hija, hermana y madre, las mujeres no son libres, a veces es sólo elanhelo de sentir lasensación de libertad

En suma, "para la subsistencia de los hombres autoritarios serequiere inevitablemente de mujeres sumisas que aporten su propio juego al permitírselo"[53]Tomemos ejemplo de las palabras deArthur Hailey[54]"Ningún hombre es íntegro a menos que la mujerque ama sea librey sepa hacer uso de la libertad, explotándola para realizarse asímisma".

---

[53] Serrano Marcela Nuestra Señora de la Soledad Mexico, Alfaguara, 1999, 247 pp., p.227

[54] Arthur Hailey Traficantes de dinero, México, Riomar, 1976, 428 pp, p. 165

MARIDOS

En cuanto a lo que los maridos esperan de sus esposas, MarilynFrench[55]nosdice:"esperabaquemantuvieseinmaculadoeldepartamento y seocuparade las compras, la comiday el lavadode la ropa con silenciosa eficacia,si algo estaba sin hacer loseñalaba con un comentario frio y desdeñoso 'no lavaste la ropa' o'el suelo de la cocina está mugriento'. ¿Ayudar? nunca,sentadoviendo la televisión, de vez en cuando se levantaba para criticar sutrabajo. Discutía con él, pero por algún motivo siempre llevaba lasdeperder...nuncalevantabalavoz,selimitabaamirarlafriamente y si era culpable de algún descuido o negligencia él la trataba condesdén, le daba la espalda en la cama y ni siquiera permitía que lotocara, como si su cuerpo estuviera manchado. La independencia yel valor de (ella) se derrumbaron bajo esta actitud indirecta. Eldesdén de (él) era tan cruel que estaba dispuesta a hacer cualquiercosa con tal de evitarlo. Fregaba y pasaba la aspiradora, estudiabalos libros de cocina peroél siempreencontraba un fallo,un punto al que no le había quitado el polvo, una comida que no le gustaba"

"Olvidé lavar los calcetines, los que estaban sucios eran los quequería ponerse ¿Era tan terrible?...se puso lívido...le sugerí que sepusiera otros y actuo como si lo hubiese abofeteado o algo por elestilo"[56]Marilyn French continúa con sus ejemplos "por la nocheentra como un nazi ...se detiene en el umbral y dice: por qué noestán secos los platos ¿Qué sentido tiene secar los platos? se secansolos. Pero entonces tengo que salir corriendo a secarlos o discutirconél,decirlequenotuvetiempo,quenoquierosecarlos,quees

---

55 MarilinFrench Mujeres p. 161

56 Ibidem p. 188

una idiotez"[57]y así se inicianlasdiscusiones bizantinas en loshogares.

Algo que no podemos dejar de mencionar son los **permisos**, parece mentira que debamos asumir la actitud de hijas y pedir permisospara todo, desde el desayuno con las amigas, siendo unas mujeresadultas de más de 30 años, **se requiere el permiso del maridoparahaceralgoquenocaigadentrodelasobligacionesfamiliares**, como si uno fuese una niña, a veces se siente unoimpotente sacrificando nuestros legítimos deseos en beneficio deuna orden estúpida o de unos celos igualmente estúpidos, que sóloreflejan como el cónyugedesea manifestar su poder sobre la partemas débil que eslaesposa.

Nuestra relación con el **trabajo** presenta una forma reactiva o sealasmujerestrabajan—enlamayoríadeloscasos—cuandoloshombresselopermiten,loquesignifica:cuandoloshombres necesitan que ellastrabajen[58]

De hecho podríamos hablar de una frase para los mármoles: "Esque mi marido no me da permiso de trabajar…" pero no se vale elpermisoentreiguales,-siesqueexistelaigualdaddederechosy de obligaciones- "Mi marido me insistía en que buscara trabajo. Ainstancias suyas le pedítrabajoa un amigo,le comenté a mimarido que me habían dado cita para el día siguiente y no dijonada. Acudo a la cita y me ofrecen un trabajo muy operativo, untrabajo que ni hecho para mi, con un horario de 9 a 3, ya mejorimposible, total de inmediato acepto, me dicen que les urge que sipuedo empezar al día siguiente. Me voy feliz a la casa y le digo alseñor: 'Ya tengotrabajoempiezomañana' Por poco se desmaya,se le vino abajo el statu quo de 18 años, parecieraque la casa sederrumbaba, se dio cuenta de la contradicción en que había caido,en su manipulación insistia en que consiguiera trabajo pero nuncapensóqueesosepudieradar,empezóporapelaramis

---

[57] Ibidem

[58] Colette Dowling El Complejo de Cenicienta pp. 206-207

sentimientos maternales: "¿Qué va apasar con tu hija?, ¿quien leva a dar de comer pues tu vas a llegar hasta las 3:30 y yo me lallevaréundíaacomeralacalleperoylosdemás...?y¿quienla va a recoger en la escuela? pues mi hija no va a andar en camión yyo no puedo todos los días recogerla. 'No, yo no me opongo a quetrabajes.... Pero:... por mi ropa no te preocupes...., al fin quepuedodesayunarmeenlacalle.Desdeluegomecorresalasirvienta pues yo a esa no la dejo sola en mi casa, prefiero que sequede cerrado' - bueno, ante tan tremenda ayuda y simplificaciónadministrativamepregunté:¿quénecesidadtengodetantosproblema s?después me arrepentí y me he seguido arrepintiendo ylo lamentaré siempre- mi amigo no lo creía, con un nudo en lagarganta le di las gracias, lamentando hasta la fecha el haberlohecho y regresé muy triste nuevamente a la jaula que apenas sehabía entreabierto pero no tuve alas para volar. Hasta aqui estaodiseaquenoesprecisamenteladelespaciosinoladeunhorizonte cada vez más reducido a las paredes de mi jaula de oro"Nada más deseo hacerles notar que dicen que la sicología no tienefuerza, yo diría que **las palabras atan más que mil cadenas**...Esta sí esuna frasepara losmármoles.

A veces los maridos parecen murallas infranqueables al menos enlascosaspequeñas,expresanincreiblesexigenciasydeliriosimposibles, extraños prejuicios e incluso hábitos inexplicables. Noobstante un poco fatalistamente Marilyn French nos habla del casode una enfermedad de ese cónyuge imposible "a veces parece quelas cosas van a la deriva... sufre un resfriado, tu lo considerasinsignificanteperoesealguien...sufreunataquecardiacoytuestabas cargada de dolor, hasta que se recupera, para vivir durantetreinta petulantes años exigiendo que le sirvas".[59]

Buenolevantemoselánimo,todassomossupervivientes,todas nosotras sobrevivimos en el campo de batalla de nuestras propiasvidas. Todas sobrevivimos la carga del diario vivir.

---

[59] [1]M. French op. Cit p. 145

FEMINISMO

Sehabladefeminismocuandohablamosdelasluchasdelas mujeres para lograr un trato menos marginado en el "mundo de loshombres".

Como nos dice Fausto Castillo[61]"Para bien o para mal, la brutalreacción del hombre cuando logró safarse del infierno que para élcomo hombre fue el matriarcado, fue construirse un mundo cuyoejeycentroeselhombre.Paralosefectosdelpoder,delariqueza y eventualmente de la grandeza, en un mundo de un solo sexo: elmasculino.Ycomoquieraqueenestasdanzassellevanconsumidos varios miles de años, la reestructuración sicológica agran profundidad, tanto de las mujeres como del hombre se antojamas que una urgencia un sueño que al fin lleve en sus entrañas lasimiente de un mundo feliz, aunque claro no el de Aldous Huxley.Asílasmujeressepreguntan¿Porquéloshombrestienenderecho atodaslasdiversionesqueselesantojen?puedeniradondequieranyhablarconquienle splazca,peronosotrasdebemosquedarnos en esta prisión que ellos llaman hogar, esperándolos.[62]

Uno de los temas centrales del movimiento feminista ha sido lacondicióndoméstica,eltrabajoenlacasa,elrolquécomosirvienta o criada comprende a cada mujer y clase social ya sea que tengaunaocupaciónfueradecasaosedediquedetiempocompleto al trabajo de lavar, planchar, cocinar y limpiar es este rolde explotación en familia, en privado, pues los trabajos domésticos no son una misión como se les ha dado en llamar, sino una faena ofatiganorenmunerada,entérminoseconómicoshablaríamosdel

---

[60] El termino feminismofue raramente usado en la mitad del siglo XIX y referido solamente a "cualidades de las mujeres". Fue hasta 1890 cuando surge el termino de "feminismo" impreso en el periódico británico "The Athenaeum"el 27 de Abril de 1895.Citado por A. Rosse The feminist papers pp. XII-XIII.

[61] Fausto CastilloLos destinos Fatales p. 18

[62] Barbara Cartland Un beso inolvidable Mexico Ed.Harmex (No. 14), 1980, 160 pp., p.118

plus-valordel trabajo efectuado privadamente dentro de la familiaquerepresentauntrabajomarginal,subalterno,descalificadoy parcial, una de las primeras demandas que se plantean es la de una**remuneración justa para el trabajo doméstico**

El **feminismo** implica una nueva manera de ver el mundo y unanuevaconcepcióndeluchaparatransformarlo,suponenosolamenteuncambiode estructuras,sinotambiéndepapeles,valores, relaciones personales. Ahora bien, espero que concuerdenconmigo en que los oprimidos tienen derecho a utilizar medios nolícitos para sobrevivir. Obviamentemedios no lícitos significa eldesafiar las leyes aprobadas por los opresores -lease hombres- para mantener a raya a los oprimidos-o sea a nosotras las mujeres-.

Partiendodeestapremisaelmovimientofeministaesunmovimiento de liberación y presupone segun André Gorz[63]unarevolucion cultural individual y social a cambio de valores como la reciprocidad,ternuraygratituidad,cualidadesconsideradasfemeninas. Gorz se aproxima a las mujeres por el camino de sutrabajo,delvalordelaproduccióndomésticaacargodelasmujeres, es necesario que por cualquier vía, la del trabajo o la de la economía reconozcan el valor de la lucha de las mujerespues aunhoydíalapalabramasculinaesmasescuchadaqueladelasmujeres.

Debemos acabar con el **machismo** imperante tan absurdo como eldeNietzsche[64]quienaconsejabaconsideraralamujercomopropiedad masculina, sin olvidar el látigo, porque se debía ser duro y cruel con ellas. Aunque rayando en lo absurdo para nosotros estaconsideraciondeNietzschenosealejamuchodelarealidadimperante pues así es como muchos hombres piensan aun hoy endía[65]

---

[63] Citado por Martha Lamas Feminismo p. 5 En su libro Adios al Proletariado Andre Gorz califica al feminismo como'una componentemotriz de la revolucion posindustrial'

[64] Federico Nietzsche Mas alla del bien y del mal, Citado por Patricia Morales "Nietzsche y la mujer" en Uno Mas UnoDiario, Mexico5de Octubre de 1981, p. 20.

[65] Vid supra machismo

Ya es tiempo y hora de que enmendemos el seguir creyendo que elmacho de la especie es la perfección máxima cuando en realidad,las estadísticas nos dicen que la mujer sobrevive al hombre enaproximadamente8años,laspropiasmadressonresponsablesmuchasvecesdeesa creenciadesuperioridadmasculinapuesinconscientemente tienen una inclinación natural hacía sus hijosvaronesy no les permiten que hagan labores "femeninas"

No debemos desmoralizarnos por el camino emprendido, aunque avecesresulta mucho más fácil cambiar a las personas que al statuquo. Lo que resulta indispensable es el fomento de la educación ydelaculturaenlapoblaciónfemeninaparalograrlaliberaciónde la mujer

Los hechos en realidad no son importantes cuando lo que está enjuegoesunsistemadevalores.Debemosconsultartodaslasfuentes, oir todas las opiniones, para que este cúmulo de ideasrecaiga sobre la situación de las mujeres y esto sirva de crisol paradar salida a una nueva situación mucho mas justa y mas igualitariapara más de lamitad de la poblacion mundial.

REVALUACION DEL TRABAJO INVISIBLE

Para nuestra sociedad el trabajo no asalariado no es trabajo. Asivemos que el ejecutivo que percibe un alto sueldo por unas cuantas horas de trabajo intelectual, asistido por toda clase de especialistas, secretarias,mozosychoferesquefacilitansulabor,miracondesprecio las infinitas horas que pasa su mujer en casa cuidandoniños, guisando, lavando, planchando o simplemente supervisandoque alguien haga lo más pesado -desde luego ese alguien es otramujer, la recamarera, nana, cocinera, o la mamá o la tía-. Ese no estrabajo.

Nuestra sociedad tiene una gran variedad de lindas descripcionesparaesasinterminablesobligacionesquecumpleunamujeren cualquier estrato social: "labores propias de su sexo", "cosas demujeres", "el quéhacer", ocupación "hogar" y otros abstractos quellevan implícita la idea de que se trata deactividades menores quedesluegonorequierendegranesfuerzo,capacidadoentrenamiento siendo inherentes al hecho de ser mujer, por lo quese realizan sin esfuerzo, tanfácilmente como respirar

El rol de sirvienta o criada que cumple cada mujer de toda clasesocial, ya sea que se dedique de tiempo completo a lavar, plancharlimpiarococinaroquetrabajefueradecasa,noesotracosasino la explotación del trabajo de la mujer en privado, no es sino unafaena no remunerada, es un plus-trabajo donde la mujer quedacomo sirvienta atiempo parcialo total.[66]

Cuantas veces escuchamos esta pregunta:

¿Usted trabaja señora?
-No, soy ama de casa

---

[66] Ambra Polidori, "La mujer en la economía sumergida" en Uno mas Uno diario Mayo 7,1984 p. 19

Como si el trabajo del ama de casa no fueraun oficio de 24 horas.Escuchamoséstassinprestarlesdemasiadaimportancia,sin detenernos a analizarlas, parecen estar incorporadas al vocabulariocotidiano de las cosas que se repiten maquinalmente, sin saber bien como. Aun en el supuesto caso de que hubiera mediado algunaconsideración sobre ellas la imagen habría coincidido seguramentecon el clisé: mujerque trabaja: oficina, máquina de escribir,...

Ama de casa, un ser borroso, de contornos imprecisos, a cargo deun mundo insignificante de cacerolas, sábanas, toallas, comidas,horarios [de otros], compras [siempre las mismas] y con la suertede no tener que arreglarse para salir y poder, en cambio, regartranquilamente lasmacetas de geranios del balcón.

Pero ha Usted pensado qué pasaría si mañana todas las mujeres dehogar abandonaran el mismo y tomaran en masa el camino a laoficina o la fábrica? ¡Qué catástrofe nacional! millones de niños seencontrarían en libertad no vigilada. Sin ellas los hombres tendrían que permanecer mas en casa, tendrían que atenderse ellos mismos.Debemos caer en la cuenta de que las casas funcionan como unpreciso mecanismo de relojería que, de pronto, si el ama de casase decretara unos cuantos días de descanso por los innumerablessábados y domingos, fiestas de fin de año, cumpleaños y otrascelebraciones, la consecuente paralización del engranaje resultaríaalgo catastrófico, ya que súbitamente habría maridos sin camisas,adolescentes sin alimentación, o niños con las ropas desgarradas,las tareas escolares sin hacer, manos y caras negros por la mugre yun coro general de lamentaciones, sin mencionar el terrible silencio que sobrevendría careciendo de interlocutor para escuchar quejas,reclamos, consuelo y aliento.

A lo mejor leyendo lo anterior de repente alguien descubre que esaseñora [la que riega los geranios y "esta en casa"] es no sólo unapersona,sinoqueademásrealizaunatareaciclópea(paraque suenemasbonitoquedecirgigantescaocolosal),tareasqueningúnasalariadoaceptarí acumpliryconrazón.Acasountrabajadorasalariadoprescindiríadeldescansodomin ical,dela semanainglesa,desusdieciseishorasdedescansodiario, (considerandoquesólotrabajanochohorasdiarias)odesusvacaciones anuales, y todo esto gratuitamente ?

Desde luego, una vez que hagan el descubrimiento, curiosamente,el ama de casa resultará ser "una pieza clave en la marcha de lasociedad".Esraroquehechoestedescubrimientonocundaatravésdee-mails,detelex,faxesodelossatélitesysesigaconsiderando a esa señora como parte del inventario familiar yprácticamentenadiesehayapreocupadoporpreveersuvejez,organizarsudescanso, respetarsusilencioopregonarsus derechos.

Un programa de radio en Uruguay comenzó preguntando "¿En qué trabaja su mujer? – Mi mujer no trabaja, en la casa, el único quetrabajasoyyo.- ¿Yquéhacesumujercontantotiempolibretodo el día?-Se levanta a las 5 me prepara un mate antes de que yo mevaya, le da de comer a los animales, corta leña, prepara la comida,lava la ropa, apronta a los niños para ir a la escuela, me lleva elalmuerzo campo arriba, regresa a la casa, la limpia, mete a losanimales, prepara la cena, tomamos unos mates y nos vamos aacostarlosniñosyyoporqueellaaprovechaparahacerunascosturitas. –Su mujer hace todas esas cosas ¿y usted dice que notrabaja?. –Claro ya le dije que el único que trabaja en la casa soyyo"[67]

Los países no entienden lo importantes que las mujeres son para laeconomía, no lo han percibido porque su trabajo a menudo nocuenta, lo hanomitido.

Así en una sociedad altamente tecnificada donde la tecnología y laciencia van de la mano, parece no haber lugar para un rubro quequizapuedaparecerinsignificante:"cariño"- malasnochescuidandoenfermedadesajenas,pastelesdecumpleaños,preocupación constante- algo que quizá parece simple, pero que sin

---

[67] Isabel Custodio "La Eva Disidente. ¿En qué trabaja su mujer?" en Excelsior Mayo 11, 1986 p. 10

embargoformapartedelaspiezasfundamentalesparaquehombres y mujeres vivamos mejor y logremos desempeñarnos conbrillantez y eficiencia.

Quiza Usted diga que no basta el rubro maravilloso del "cariño",que no es suficiente, de acuerdo, pero cuando falta..... No vamos aennumerar las consecuencias imprevisibles que entraña la ausencia de "la señora que está en casa" pero no caben dudas de que sisomos conscientes de su importancia, lo primero que tendríamosquehaceresjerarquizarsupapel,suaportealmundoydarle también a ella la sensación de ser poseedora de un amor hecho deagradecimiento y admiración.

Yaenelmedioevounantiguoproverbioinglésqueanalizaba grandes verdades decía:

"El trabajo del hombre va de sol a sol,

La mujer, encambio, nunca termina con su misión"[68]

Espuesexplicablequelamayorpartedelasactividades domésticas no se justifiquen en términos económicos -salvo que seinstituyera el sueldo por ser: esposa, enfermera, madre, amante,cocinera,recamarera,lavandera,nana,maestra,consejera, secretaria,mozo,manicurista,etc.actividadestodasellasdesempeñadas por esas silenciosas y oscuras "señoras que están enla casa"-Sin embargo esas actividades domésticas conservan unvalor humano y aun político que debe tomarseen cuenta.[69]

Ha llegado el momento de rehabilitar ese trabajo considerable querealizan las mujeres en el interior del hogar[70]Debemos valorar ysentirelgustoporlascosassimplesparavivir,peroquesonendemoniadamentecomp licadaspararealizar[71]Noesposible

____

[68] Citado por Magdalena Ruiz Guinazu "De Dominio Público" Revista de la Nacion,Argentina, No. 550, 20 de Enero de 1980, p. 12Cfr. vid Anne Tolstoi Wallach, Domina, Argentina, Javier Vergara Editor, 1982,431 pp., p. 7 "Los hombres trabajan de sol a sol, peroel trabajo de las mujeres jamás termina".

[69] Cfr. vid Ch. Collange op. cit. p. 117.Decimos que tienen un valor políticotomando en consideración el principio aristotélicode que el hombrees un serpolítico.

[70] Ch. Collange op. cit. p. 118

[71] Ibidem p. 105

continuarafirmandoquesóloeluniversodeltrabajodeloshombresescreativoylibera dor.Hemossubestimadolaimportancia primordial de las cosas de la vida privada.[72]De hechodesde el día quesalimos de lacasa de papá ymamá parairahabitar a un techo propio, nos lanzamos a un largo combate: larealización cotidiana de un cierto número de asuntos materialesdestinados a asegurar nuestra supervivencia, la del esposo,y la denuestros niños y a preservar un cuadro, en lo posible, armonioso,conforme a lo que se espera de nosotras, para nuestro transcurrircotidiano.

Pues bien, una casa -como toda empresa- requiere ser dirigida paraque las cosas se hagan, hay que controlar las operaciones y preveer soluciones. Después de todo no se puede dejar de comer un solodía. No es por cosas del azar que el 85 % de las despensas seanefectuadasporlasmujeres.Noesposibleseguirhaciendodesirvienta de todos e irse sacrificando en aras del confort familiar.Que es lo que estápasando cuando mas de dos terceras partes delos maridos no tocan jamás una escoba, una cacerola, un plato (sinoesparacomer),auneldomingoEsnecesarioinsistirenla desigualdad profunda que resulta deesta situación.

Debido al **trabajo doméstico** uno se ve obligada a dedicar tantasenergías a pasar el día que no le queda a uno ninguna para eltrabajointelectualoproductivo.Tantaenergíadedicadaaatencionesynegociacion es.Sinembargolascondicionesqueconviertenalostrabajosdomésticosenopresivos nosonnisiquiera mencionadas o pensadas -aunque no quede mas remedioque aceptarlas- pues dichas condiciones de trabajo no han sidoelegidaspornosotrassinoquenoshansidoautomáticamenteencajadas en nuestras vidas por nuestra condicion de mujeres, sindejarnos libre albedrío. Citando a Marilyn French[73] "pero si desdelainfanciasabes- aunqueparezcafatalismo-quelavidaconsiste

---

[72] Ibidem p. 118

[73] M. French op. cit. p. 109

básicamenteensobrevivir,sólosepuedesentirtristezaporquienes aun nolo han descubierto".

Al respecto dice "Lo que la molestaba no era el que las tareas quedebíarealizarfueranagotadoras,nisiquieraqueresultaran tediosas. Le molestaba que los otros tres vivían sus vidas y que ibatras de ellos para arreglar lo que desordenaban. Era una criada noretribuídadelaqueseesperabaquecumplierauntrabajosuperlativo. A cambio le permitían llamar suya esa casa [aunque de hecho ni a su nombre estén las escrituras], pero ellos hacían lomismo. La mayor parte del tiempo no pensaba en esto, sólo por lamañanacuandovolvíadedejaralosniñoscreabapequeñasrecompensas parasí misma, harééstoo aquello y después mesentaré a leer el periódico. Abordaba la tarea, metia una tanda deropaenlalavadora,limpiabalacocina,levantabalascamas,acomodaba las habitaciones y después atacabael restode la casaen la cúal, como era tan grande, todos los días había que limpiaralgo. De cuatro patas en uno de los interminables cuartos de baño,sedecíaqueenciertosentidoeraafortunada.Allavarelinodoro de tres hombres y el suelo y las paredes que lo rodean, pensaba que era como enfrentarse con la necesidad y por eso las mujeres eranmas sanas que los hombres, no planteaban las propuestas delirantes y absurdas que los hombres propugnaban: ellas estaban en contacto con la necesidad, tenían que lavar el inodoro y el suelo se repetíauna y otra vez".[74]

Desdeluegola**experienciaconlalimpieza**esqueinvariablemente crece en proporción directa con la riqueza y elúnico modo de evitar las labores domésticas es naciendo varón opagando a otra mujer para que las haga.[75]"A veces, vestida ya parasalir paseabalentamentepor la grancasa, sentíasulimpiezayorden y pensaba que después de todo, tal vez el consuelo del ordenfueralomejorquepodíaesperar,quequizáinclusofuera

---

[74] Ibidem p. 151

[75] Ibidem p. 79

suficiente"[76]sin embargo toda estaenorme actividad es una vida"ociosa" pues noconducea ninguna parte, **cada día es igual alanterior.** Es comun oir "Pero¿para qué sirves tu? no sabes nifregar bien el sueloEra cierto era culpable de ser una mala ama de casa, mantenía limpio el hogar pero era desorganizada. Su menteestaba eternamente confusa porque sabía que lo había querido, quehabíadeseadoseramadecasayquedarseenelhogarconlos niños, pero algo la aguijoneaba en su interior, **de algun modo suvida no le gustaba"**[77]pero "mañana es un gran día: se preguntócomo era eso, sólo pudo imaginarlo como salir temprano, coger elcoche y conducir, conducir a cualquier parte...e ir ...a un museo o a unpaseoenbarco...sencillamente,nohacersutrabajo,abandonarlo. No volver a casa a tiempo, dejar a losniños, dejarque se apañaran por su cuenta.   Volver   tarde   a   casa   tan   tarde como[él],talvezligeramenteborracha".[78]Dealgúnmodoestamospermitiendo   que la   conducta   de   otra   persona   dicte   la   nuestra, leestamosdandoelpoderdecontrolarnosyaltratardehacerfelices a los demás y al tratar de evitar conflictos dejamosa un ladonuestras metas y prioridades.[79]

Otro "trabajo" que no es trabajo es el de cuidadora del coche ochofer de "esperas": va uno en el coche y al señor se le ofrece ir aalgún lugar. De repente se   estaciona   –mal   desde   luego-   se   baja delautomóvilydice"espérame,nometardoysino,tedasuna vuelta" y ahi está uno como trompo chillador dando vueltas a lamanzana pues los minutos se vuelven horas   y   uno   gira   que gira.Esteesunomásdelosinnumerablesusosdeunaesposa,pertenecientea   las actividades de trabajo de tiempo completo de la esposa abnegada

---

[76] Ibidem p. 155

[77] Ibidem p. 163

[78] Ibidem pp. 168-169

[79] Cfr. Vid Piaget Dr. Gerald W Personas dominantes Argentina Javier Vergara Editor, 1993, 322 pp, p. 42

Puestas en este camino, analicemos un poco el **empleo del tiempode las madres de familia**, analicemos todo el arsenal de pequeñasy grandes cosas que emponzoñan la vida de las madres laboriosas:

El pan. No hay que olvidarse de comprarlo, cualquier otro panpodría ser igual, pero un pan recien horneado es realmente mejor.

En México no olvidemos la larga cola en las tortillas.

Para las que trabajan fuera de casa, el mal humor del patrón, lacarta deúltimo minuto, el bebé que espera en la guardería.

Hacer la comida y comprar lo que se necesite.
Se fué al mercado para toda la semana y el jueves ya nohay nada. Lavar la ropa y plancharla.
Los llantos del bebé. Las recriminaciones.

Lasvacacionesescolaressevuelvenunverdaderorompecabezas..
¿Qué hacer con los niños en casa? A la mamá le haría bien dormirun poco más y que también fueran sus "vacaciones", pero paraella esimposible quedarse un solo día en lacama.

La falta de sueño se torna una obsesión a medida que la semanaavanza, cada tarde uno se jura acostarse un rato para recuperarse, o bien se quiere ver una película en la televisión pero hay que meterun poco de orden o preparar lo de mañana o poner la mesa o dar de cenar.

Losmomentosdeternurasevuelvenraros,quizáunratoenla tarde del domingo pueda quedarse dormida al lado del marido. etc.

No podemos concebir la **familia** sin la presencia de la mujer peropor una ancestral y equivocada costumbre, la **división del trabajo**en la sociedad en que vivimos, deposita en la mujer el trabajo delhogar, tareas que consumen agobiantes jornadas de trabajo que noledejantiempoparaimpulsarsucapacidadintelectual;desdepequeñas se les inculca a las niñas la cultura de la dependencia,seles enseñaque han nacido para servir a su compañero,se lesenseñalaabnegacióncomosinónimodeobediencia,perolalabor callada, constante y desinteresada de las mujeres dentro del hogarrara vez merece reconocimiento,salvoel día de las madres, día en que se la lleva a pasear y se le regala algún aparato para simplificar sus tareas en lugar de regalarle algo para ella, su perfume favorito,una bonita mascada, unos aretes, algunos libros, en fin algo paraella, no paraque siga trabajando

Eneltrabajoenelhogarlamujerllevatodalacargaalllevara cabotoda una miscelánea de tareasque no se catalogan comoremunerativas y a las que ni siquiera se les fija un precio, dándolesun"piadosovalorfamiliar"[80]peronoeconómicoEltrabajodoméstico te obliga a jugar varios roles sin embargo es un trabajoque no paga. Otra sería la actitud de la sociedad si esas jornadascon frecuencia inhumanas fueran pagadas conforme a lo que marca la ley para otras de intensidad y tiempo similares, la sociedad y lafamilia deben revalorar, en un acto de justicia elemental, a quienesahora sólo son sirvientas gratuitas o mal pagadas[81]; asi, **criadas yseñoras a la vez** son el alma del hogar pero paradójicamente no seles reconoce, solohay soledad y enajenación.

En una exposición celebrada en Bonn, Alemania en 1984[82]se pusode manifiesto que las "tareas domésticas" ocupan entre 40,000 y53,000millonesdehorasdetrabajofrentea50,000y55,000 millonesdehorasocupadasenlaindustriaylaeconomíaengeneral o sea que más del 56.3 % del producto social bruto seocupa en trabajo en el hogar por lo que si se pagara en dinero eltrabajo doméstico el producto social bruto aumentaría en más deuna tercera parte.

La familia, como ha evolucionado en nuestra sociedad, **es quizá la menos democrática de las instituciones,** reune todo un conjuntodedesigualdadesydiferenciasdondelasmujeresseencuentran

---

[80] Ofelia Casillas Ontiveros "Revaloración social de la mujer en el núcleo familiar" en El Sol de Toluca, Diario, Abril 25, 1988p. 9

[81] Ibidem

[82] (s.a.) "Una exposición sobre las 'tareas domésticas' en Bonn" en Excelsior Diario México, Septiembre 13, 1984, p. 6-B

atrapadasenlasresponsabilidades domésticas,sepodríapensar que **la maternidad**es un trabajo de dedicación completa, perocriar a loshijos nocompensala soledadfísica ola inacabablerutina del trabajo doméstico.

No hay nada de banal o de dramático en esta vida familiar que más o menos hemos descrito. Por ello yo admiro a esos millones demujeres que vivenese plural cotidiano.

Si todos los hombres, políticos, ministros, diputados, empresarios,funcionarios, que usan y abusan de la mano de obra femenina,todosloshombresresponsables,todosellosdebíanentrarenfunciones haciendo un **escalafón de ayuda familiar** en una familia yocreoqueconquincedíastendríanyestoyplenamenteconvencidadequelasleyesyre glasdenuestrasociedad cambiarían en algunos años cuando valorarán ese trabajo que noaprecian, ese trabajo invisible.

Estoy convencida de que la ambición inteligente de las mujeres nodebe ser la de escoger una vida de hombre, sino en rehusar unaverdadera vida de mujer tal como la conocemos hoy en día. Vemos hoy día que las mujeres orquesta no están tan contentas deserorquestas y que la igualdad nose ha conseguido.

No es fácil comprender lo que toda casada sabe: que el trabajo delhogar es el menos gratificante porque si queda mal hecho es unestigma y si sale a la perfección no pasa de ser visto como elcumplimiento del deber de toda esposa[83]Cuando nos damos cuenta de que estamos respondiendo a un horario, este horario es el de lasactividades de los demás,seguimos una rutina que a fin de cuentas esloqueformaelesqueletodeldía.[84]SimonedeBeauvoir[85]observaba los peligros que pueden correr las mujeres al integrarsedemasiado en el hogar: "Cuando comete esta locura…la mujer seencuentra tan ocupada que se olvida de su propia existencia".

---

[83] Estrada et all., "El precio..." p. 40

[84] Lofts Norah, Charlotte,Argentina, Javier Vergara Ed. 1980, 333 pp. p. 99

[85] S de Beauvoir El segundoSexo citado por C. Dowling El complejo de Cenicienta p. 101

Hay puntos vulnerables en la vida de las mujeres, el **estrés** de estar sola,luegoconelmatrimoniocuandosetieneelimpulsode realizarsecomopersonalasmujeressefrustranportenerquecanalizar toda su energía a la familia y a la carrera del esposo ydespués el síndrome del nido vacío cuando vuelve a quedarse solacon el esposoy sin nada para ella.

Las amas de casa a jornada completa padecen **estrés** además debaja autoestima y dependencia y sentimientos de escasa realización personal debido a la rutina, a pesar de la variabilidad de tareas querealizan–cuidadodelosniños,limpieza,costura,preparaciónde lastrescomidasdeldía,cuidadodeenfermos,reparacionesymantenimiento,atención aplantasyanimalesyunlargoetcétera–, alasoledad,alesfuerzofísico,alaresponsabilidad,lasinterrupciones, la ausencia de compensación económica, la falta de reconocimientosocial,laimplicaciónafectivaeneltrabajo,la jornadainterminableylajubilacióninexistente.Todasestaslaboresrequierennocion esdemedicina,finanzas,jardinería,cocina,carpintería,electricidad,veterinaria,entr eotras.Neguémonosasucumbiral**síndromedelamadecasa**aprendamos a delegar.

Quienes no realizan tareas domésticas no están conscientes deltrabajoqueimplicanylasmenosprecian,sinsuponerlocomplicadas que pueden ser y la sobrecarga de trabajo que implicael llevarlas a cabo.Asi las **amas de casa de tiempo completo** , las que se quedan todo el día cnccrradas en su casa o andan comochoferes lidiando con los hijos, las que son además secretarias,cocineras,nanas,lavanderas,maestras,electricistas,plomerosy que cada muerte de un judio las llevan al cine son las que estántratando de salir a trabajar a la calle, para no quedarse en la casa de "criadas"ya que el trabajo de ama de casa requiereuna entregaabsoluta, renunciaciónde uno mismo y vocación y conlleva ladesventajadequeleenvilece,leidiotizayademásnadieloagradece.

Algo que generalmente no tomamos en cuenta es el **aburrimiento**, lafaltadeacontecimientosrelevantes,nohayacontecimientossignificativos, hay una verdadera carencia de hechos ¿Qué puedehaber de interesante en que el niño haya o no hecho la tarea? O ¿en que el frijol subió de precio? Al estar en el universo del hogar sepierde universalidad, se queda uno dentro de los patios interiores.

De repente la mujer ha descubierto que ser una buena ama de casano produce ya admiración y que**aquellas actividades en las quese recompensa la excelencia se llevan a cabo fuera de la familia**porejemploaquellasquesonmagníficascocinerashacenlasdelicias de su familia, pero no se las reconoce como es el caso deaquellasquesonchefs.Noespuesextrañoqueeltrabajodoméstico que era considerado como una gloria sea juzgado ahoracomountrabajopenoso,noesextrañoquehayaunaenormedemandadeartefact osqueahorrantrabajoenlacocina,auncuandosuconservaciónpuedarequerirtantotie mpocomoelahorrado; no se trata de que la mujer desee tener una carrera sinoque desea una clase distinta de carrera[86]

Si hiciéramos un análisis de nuestras vidas veríamos que éstastranscurren ante una interminable fila de platos siempre acabamosfregando los platos, aunque esto sea un trabajo menor cuando laafortunada tiene una lavadora automática de trastes, siempre seacaba alzando los malditos trastes. Claro que todas las máquinas:lavadora, secadora, pulidora, licuadora, tostadora y **todas las otras"oras"** que inventen, son una leve liberacion de la esclavitud, esmás, sin ellas y sin la píldora ahora no existiría unarevolucion dela mujer. Enesto parece increible que en países tan "adelantados"como los Estados Unidos no se expendieran los anticonceptivosoralessinunarecetamédica,dejandoalasespumas,ovulos,pomadas y condones una función tan importante como es el evitarun embarazo nodeseado.

---

[86] Homans, George C., El grupo humano p. 29

Debemos darnos la oportunidad de contemplarnos como algo masqueesclavas.Somossereshumanosprofundamenteútilesencualquier esfera de actividad que emprendamos.

Eltrabajodomésticoesunadelasformasmaseficacesdedemostrarnuestracapacidad, parademostrarquepodemosdesarrollarmúltiplesactividadesalmismotiempoconmayorequilibrio y mayor interés humano. Contrariamente a lo que dicen,loshombreshacenmenoscosasquelasmujeres,porqueellos detestanhacermuchascosasalavez,unamujerpuedehacer recitar las lecciones, picar las verduras y ver televisión. Esto es una manera de hacer ver al mundo que se puede observar el sentidocomún, el contacto con los sentimientos y emociones mientras sedesarrolla una actividad útil.

Así cuando escuchemos a un hombre decir de su esposa "Mi mujer notrabaja"pensemosunpocoenese**trabajoinvisible**quemantiene almundo caminando, produciendo y subsistiendo.

DIME CUANTO COBRAS Y TE DIRE CUANTO VALES OLA SOCIEDADMETALIZADA.

Diceunantiguorefrán"**Paraunabuenamujernuncaseacaba el quehacer**". Y uno más "Los hombres trabajan de sol a sol, perouna mujer nunca termina con su misión"

En un mundo donde el dinero define el valor de la gente y de lascosas, lo que no se paga con dinero no tiene precio,**no vale nada**.

Así mirado, el trabajo de una esposa **es un trabajo inexistente esun trabajo invisible** de acuerdo con los economistas, porque noexiste ningún tratado que se ocupe de el. A pesar de ser un trabajovitalparalacomunidadesasagotadorasjornadasnosonremuneradas,sinome nospreciadasylos"trabajosdemujer"significan sencillamente "mástrabajo"

En relación al tema, economistas, sociólogos y feministas aportanalgunos datos: el hecho de que las mujeres que **no trabajan** (esasque según el género masculino se quedan en sus casasa "rascarsela barriga") laboran en promedio un 35 % mas que las personasasalariadasen fábricas, oficinasu oficios individuales

Las **mujeres casadas que trabajan** además fuera de casa lo hacendurante un promedio de 93.5 horas a la semana cifra que si sedivide entre 7 días de la semana da un promedio diario de 13 horas35 minutos o sea 5 horas y media mas que las 8 horas de la jornada promedio de trabajo de un obrero o empleado[87]aclarando que elpromedio en realidad es mayor dado que cualquier empleado tieneal menos los domingos de descanso.

En Francia una madre de familia trabaja 66 horas por semana (38horas por el trabajo y los trayectos y 28 horas por los trabajoscaseros).**Lasmujeressonlasgrandesperdedoras**porquetambién lasempleadas disponende 2.50horas de tiempo librecontra 4 horas de sus colegas masculinos y dentro del hogar portérmino medio las mujeres se benefician de 3 horas de "ocio" y loshombres de 4.[88]

En España los hombres tienen una jornada laboralsemanal de 41.8 horas mientras que las mujeres la tienen de 39.8, sin embargo lasmujeres deben llegar a la casa a hacer la comida y todo lo demásque implican las labores del hogar o sea tienen una doble jornadade trabajo. En promedio en los países de la Unión Europea loshombres trabajan 41.3 horas y las mujeres 39.1 horas desde luegosin contar las labores en el hogar que no se contabilizan porque notienen unvalor económico.[89]

---

[87] Animu Elias Cuanto vale el trabajo domestico? en Kena Revista Mexico.

[88] Dominique Desouches, "Enquête Le temps choisi: une revoluction tranquille"en Marie France, Rev. Mensuel Mai 1983pp.12-15,115. P. 15

[89] Eurostat, Employment in Europe 2006

Para la generalidadde las mujeres, lo normal es desempeñar lamontaña de labores que la sociedad define como **propias de susexo** a cambio de casa, comida y vestido. Cosa que no deja desorprender, pues en muchos casos se trata de mujeres que no vivían en la miseria antes de casarse y que no necesitaban   de   un maridoparacomerovestirseyloqueresultapordemáscurioso,sicontrataranunsirvie ntequequisieradesempeñarlosmismostrabajos a cambiode casa y comida, no nos extraña que estosexijan además unsalario , por lomenos.

El trabajoremunerado se hace generalmente durante el día y eltrabajo número dos el de cocinera, enfermera ama de casa es el que se hace durante las horas de descanso es **la doble carga de trabajo** que hace que las mujeres estén todo el tiempo cansadas y ademásen lugar de tener como meta de ese trabajo remunerado de eseingreso extra su independencia económica,invierten esos ingresos en el hogar

Un personaje de James Clavell[90]nos dice "yo deseaba mucho másque ser sólo la Sra. Bartlett, la madre-amante-sirviente-lavaplatos-lavapañales-esclava-sujeta a la casa… ¡Eso es lo que acaba concualquier mujer! Siempre se la deja en casa, por supuesto. Por esoelhogarsevuelveunaprisión,alfinaldecuentasteenloquece,te

---

[90] James Clavell La casa Noble 2 vs. T.2, México, Lasser Press 1982, 798 pp, p. 443

tiene atrapada…¡Hasta que la muerte nos separe! Lo he vistodemasiadas veces…"

El matrimonio no puede seguir siendo ese empleo en que se haconvertido, en el exprimidor que conocemos.La mujer además desentirse humillada, degradada porque los quehaceres diarios de lacasa para el hombre nada significan y no le son relevantespor noredituar un salario, ysin embargo, debido al hecho de que ellospueden salir a la calle a trabajar sin tener que ocuparse de comida,ropa, camisas planchadas, botones cosidos, y calcetines limpios,sabiendoquelaesposaharátodosesospequeñosserviciosque ellos por sus múltiples compromisos no pueden atender, como ir albanco, conseguir al plomero, hacerle sus citas, hacerle sus trabajosen la computadora, cortarle las uñas, curarlo cuando se enferma,llevarle a la cama su cena para que descanse, hacerles su maletacuando salen de viajede negocios, alzarles su ropa, pues para ellos
-salvo honrosas excepciones- el mejor lugar es el suelo, ayudarlesen sus investigaciones y trabajos para que ellos brillen, llevar suropa a la tintoreria, desde luego la nuestra es "wash and wear",poner el despertador para despertarlos cuando ellos se tienen quelevantar temprano, o bien velarles el sueño para que descansen, enfin esas son solo algunas de las pequeñas cosas que se me vienen ala mente, pero realmente **¡Como quisiera yo poder tener unaesposaquehicieratodoesoyquedijera"niñosnomolestena su papá que está descansando", y además sin goce de sueldo!**

Desdeluegopara elhombre esnatural quelaesposaseaquien haga el trabajo de la casa y asuma el cuidado de los hijos[91]y lamujer consagrada a la domesticidad de sus hogares multiplica, sindarse cuenta siquiera,sus tareas y deberes para su propia fatigahasta que los mismos son considerados como de su obligacion.Hagamos a un lado esas estúpidas ropas, se ensuciaron antier unaspocashorasmásnolesharánmella,sentémonos,yahemostrabajadodemasiadoy muyduramente,necesitamosaprendera

---

[91] Cfr. vid Simone de Beauvoir The second sex p. 772

tomar las cosas con mas calma, necesitamos aprender a relajarnos,hacemos demasiado por demasiadas personas, tomemos algo paraleer o mejor tomemos una siesta, quince minutos te pueden revivir. Si esas tareas te estresan aprende a decir que no, a darte un respiromás a menudo. Es importante aprender a siempre ser una dama,aunque se esté lavando la ropa a mano, o lavando un baño, esastediosas y cansadoras tareas diarias aunque frustrantes, deben serenriquecedorassinosdamostiempoparanuestrossatisfactores   personales, aunque no podamos modificar el statu quo.

Decía P.D. James[92]"La sala parecía un lugar colmado de actividadineficaz,desufrimientosinobjeto"razonandolafutilidaddelesfuerzo diario deltrabajo doméstico.

La mujer se siente suprimida y degradada por el esposo. El hechode**permanecerconsupareja**muchasvecesesrestrictivoylimitante másquereconfortante.

Un hecho que se debe tomar en cuenta es la sociedad como unaentidad funcional que se perpetúa a través de la transmisión degeneración en generación, del acervo común de ideas y valores que dan al grupo su "esprit de corps" y por las conductas que facilitan a sus miembros el vivir y el trabajar juntos, asi el individuo adquierelas ideas y valores de la sociedad en que vivepor   su madre[93]porquesonlasmujereslasquepreservanlosvaloresdelasociedad,estosucede porejemploenlascomunidadesjudíasdonde las mujeresse preocupan por la tradición del sabath.

Derecho al Voto

En 1865 se formó en Manchester, Inglaterra el Primer Comité deMujeresSufragistasyenesemismoañoeselectoparaunescaño enelParlamento,JohnStuartMill.Lassufragistaslograronreunir

---

[92] P.D. James Sangre Inocente México Edivisión 1a. ed., 1981 280 pp, p. 65

[93] Cfr. Vid supra Ralph Linton Estudio del hombre p. 108

1449 firmas en una petición que Mill presentó ante el Parlamento,acto que le costó la pérdida de su escaño en la elección de 1869pero esto no le detuvo y el año siguiente publicó: "La Sujeción delas Mujeres" formándose diversas sociedades que defendían losderechosdelasmujereslograndoreunir2'953,563firmascontenidas en las peticiones que se presentaron ante el Parlamento, no obstante no consiguieron el**derecho al sufragio**sino hasta1918en que se decidió la Reforma a la Ley del Sufragio para queesederechofueraejercidoporlasmujerescasadasylasuniversitarias mayores de 30 años y es el 1928 cuando se logra laigualdad completacon los electores masculinos.[94]

En Estados Unidos la Enmienda Número 19 de 1920 les otorga **elvoto** a lasmujeres

EshastamediadosdelsigloXXenqueelvotopierdesuexclusividad masculina En México a partir de 1945 con MiguelAlemánselesdaalasmujerel**derechoalvoto**peroesta conquista es sólo teórica al no estar acompañada por la libertadeconómica de hecho sólo se consideraba a las mujeres adecuadasparaempleosmedianososub-empleos,comosecretarias,recepcionistasysirvientas;elidealfemeninonacionalseg uíasiendo el de la esposa fiel y la madrecita abnegada[95]es hasta el 17de Octubre de1953 cuando en el Diario Oficial Ruiz Cortines leconfiere a la mujer plenos derechos políticos. También durante elgobierno de Ruiz Cortineses elegida la primera diputada AuroraJiménez de Palacios por el estado 29: Baja California Norte. Y eshasta el 10. de Noviembre de 1979 cuando Griselda Alvarez seconvierte en la primera gobernadora electa de Colima.

---

[94] (S.A.) "La lucha por el voto para la mujer" en Vanidades Año 18 No. 25 Diciembre 12,1978 p. 101[95] Domingo Alberto "Respeto mutuo base de la convivencia humana" en Claudia, Revista No. 193 Oct. 1981 p. 88

EnFranciaesdespuésdelasegundaguerramundialporlaOrdenanza del 21 de abril de 1944 y la ejercen por primera vez enla elección de los consejos municipales del 29 de abril de 1945[96]

Pero hagamos en este punto una consideración: cierto que ya lamujer ha obtenido el derecho al voto pero ¿puede elegir a quienquiera? o ¿tiene el hombre una influencia decisiva en su elección?Si consideramos que la mujer encerrada entre las cuatro paredes de esaprisiónllamadaeufemísticamente"hogar"prácticamente obtienelaimagendelmundodelasopinionesdelmarido,ciertamente hay noticieros, el radio y la tvpero ¿cuantas mujeresson las que están realmente informadas? ¿cuantas las que estáninteresadas?Yoapuestoaquelagranmayoríasabenmejorquien es el actor de la telenovela que quien es su diputado.

Pocoapocosehanidoproduciendopequeñoscambiosporejemplo en el status político de las mujeres cuando lograron elsufragio,[97]sehaelevadomínimamenteelniveldeinstrucción, aunque en las familias siempre se le proporcionan mejores medioseducativos al hijode la casa"al fin la niña se va a casar".

Probablemente el cambio de más envergadura reside en el statuseconómico de la mujer, el tópico de que la mujer no sabe nada definanzas, que no sabe manejar el dinero —cuando de hecho ha sidosiempre una magnífica administradora de los bienes del hogar-yanotienerazóndeser,puesmuchasmujeresyanodependen totalmenteparasusubsistenciadelvarón,algunasmujeresyaposeen dinero propio[98]

---

[96] (S.A.) "Oui, les femmes s'interessent à la politique" en Marie France No. 302 Avril 1981 pp 72-81, p. 73 [97]A partir de1946por Decretopresidencialde MiguelAlemán lamujerobtuvoel derechoal votoy apartir de 1953 con el Lic. Adolfo Ruiz Cortines se le confieren plenos derechos políticoshttp://www2.scjn.gob.mx/Leyes/ArchivosLeyes/00130072.pdf. Diario Oficial de 17de Octubre de 1953.Sereformó el artículo 34 de la Constitución Política de los Estados Unidos Mexicanos : Artículo 34 "Sonciudadanos de la Repùblica los varones y las mujeres que teniendo la calidad de mexicanos, reunan,además, lossiguientesrequisitos:I-Haber cumplido18añossiendocasados, o21si nolosonyII-Tenerun modo honesto de vivir".Estoselogrógracias alesfuerzode mujeres comoMargarita García Flores,Livia Fernándezy Carlota Garridoque fueron de las primerasmujeres sufragistas.

[98] Cfr. Vid Joseph H. Fichter Sociología p. 71

Fuera de toda duda está para el hombre que es la mujer la que seocupa de que funcione la casa, de que esté limpía y ordenada, deque se cosan los botones, de que los niños estén bien cuidados, deque se hagan las tareas,de que se barra, se friegue y que ladespensa se encuentre surtida, pues la compra es cosa de la mujer,asicomoatenderlospagosylasmilpequeñecesdelaadministracióndoméstica cotidiana.Excepciónhechadelautomóvil, cuyas averías serán probablemente asunto del hombre[99]A la mujer se le concede pues el derecho a la vida de una "abejaobrera"lacualproduceconaplicaciónyprudencia,talentoorganizativoytraba jodurolascondicionesparaqueélpuedaobtener eso tan preciado que se denomina "respeto y prestigio"[100]Y la mujer mientras tanto aguanta todo, pendiente siempre de no darmotivo de crítica a los que la rodean, renuncia a sus gustos, acontactos sociales, a seguir educándose, a la política, mientras elhombre de su vida ve televisión, ella acuesta a los niños, lavaplatos,plancharopa,avecesserebelacontraelstatuquogeneralmenteatacandoe nlascosasmateriales:adondemásleduele al hombre: en su bolsillo: la mujer va a una tienda y gasta enalgo para ella. No quisiera ahondar en la reacción masculina anteesta flagrante desobediencia, ese saltarse las trancas, a veces puede provocar una reacción verdaderamente violenta o bien inducir a unenorme sentimiento de culpa "como es posible que hayas gastadoen ese vestido que no necesitabas cuando sabes que este mes esnecesario comprarles a los niños zapatos…" o alguna otra memezpor el estilo.

Una esposa o madre no tiene nunca preferencia para gozar de unprograma de TV que le gusta, siempre en el momento en que vacomenzando, justo en ese preciso momento se le ocurre a algúnmiembrodelafamilia,generalmentealesposo,manifestarsuapetito, el cual en ese momento hizo crisis¡Ay! de la esposa quedigaqueeseessuprogramafavorito,quelohaesperadover

---

[99] Peter Norden El derecho de la mujer p. 12

[100] Ibidem p. 13

durante meses, desde que lo anunciaron; no, ella es una floja –aunque haya estado trabajando desde las 6 de la mañana- debepartir ipso facto a preparar la cena. Desde luego en este punto nodebemos soslayar otro aspecto respecto a la TV cuando ésta seencuentraubicadaeneldesayunador¿Adivinendequienesel lugar que queda de espalda al aparato? Suponiendo que al fin estén todos frente al dichoso televisor y en un canal está la película deestrenoqueacabancasideestrenarenelcineyenelotrocanal está un juego de foot ball desde luego el controlador del control dela TV va a preferir ver el juego y uno piensa: este juego es unaidiotez, tantos hombres adultos persiguiendo una pelotita cual sifueran infantes, una vez que viste una jugada ya viste todo, todo esigual, mejor te vas y buscas en alguna otra tarea ocupar el tiempoque debiera ser también para ti de descanso y diversión.

Detalmaneraquelaesposadebeimprovisarun**horario**[101]alrededor de las necesidades de otros, si las mujeres tuvieran"esposas" para estar en la casa con los niños,ira hacer mandados, organizarlotodo, imagínenselasposibilidadesdeexpansión,elnúmero de libros que podrían ser escritos, las Compañías que seiniciarían

---

[101] Cfr. Gail Sheehy Passagesp. 156

EMPLEO VACANTE......SE SOLICITA AMA DE CASA

Para el puesto se requiere que la solicitante afortunada realice ycoordinelassiguientesfunciones:acompañante,directora,administradora, agente de compras, maestra, enfermera, cocinera,nutrióloga,decoradora,especialistaenlimpieza,chofer,supervisoradelcui dadodelosniños,trabajadorasocial,psicóloga y organizadora deeventos.

Requisitos:

La solicitante debe tener una automotivación ilimitada y el másfuertesentidoderesponsabilidadsiquiereteneréxitoenestetrabajo.

Debeserindependienteyconiniciativa,capazdetrabajaraisladamenteysinsupervisi ón.Sereficienteenelmanejodepersonas de todas las edades y apta para trabajar en condiciones deestrés durante largos períodos si fuera necesario. También debecontar con la flexibilidad suficiente para hacer un gran número detareasconflictivasalmismotiemposincansarseyconadaptabilidadparamanejarse sinproblemasenlosdistintoscambiosdeldesarrollodelavidadelgrupo,incluyendoe mergencias y crisis serias.

EL OFICIO DE 24 HORAS

Curiosamente una esposa debe estar disponible 24 horas diarias,durante 7 días a lasemana y 365 díasal año.

Si esta afirmación se considera exagerada basta preguntarse:

¿Cuando toma **vacaciones** una esposa?

¿Disfruta deun día entero sólo para ella?

¿Quien tiene la obligación de levantarse por la noche si un niño seenferma?

¿Quien es responsable de lo que ocurre en la casa a cualquier hora? etc. etc.

Cuando se habla de tomar vacaciones para la esposa, en la mayoria de los casos -yo diria que en todos - salvo que, útopicamente, en un país latino,salga sola- las vacaciones significan que va a realizarsu mismo quéhacer en**distinto paisaje**, eso es todo. Basta mirarlos tradicionales días de campo: los hombres juegan algún deporte, losniñoscorretean,lamujeruntapanes,hacetortas,destaparefrescos,extiendeelman tel,poneelasador,sirvedecomer,recoge todo lo que los demas tiran, cuida las cosas, etc. etc.

¿Y sus vacaciones?La mujer pone y quita trajes de baño, enjuaga infinidaddecamisasypantalones,dadecomer,cuidaniños,prepara biberones en condiciones imposibles, cuida las bolsas yrelojesmientraslosdemásnadan,cargasalvavidas,toallas,bolsas y regresa de"sus vacaciones" agotada.

EL TRABAJO DOMÉSTICO COMO INFRAESTRUCTURA.

EL DOBLE VALOR DEL TRABAJO DOMÉSTICO

Tratemos de explicar estas dos afirmaciones:

1. Lamujeresenrealidadlainfraesctructuraquehaceposibleque otras estructurasfuncionen.

2. Su labor es la base de la cúal parte todo el trabajo productivo.

O sea que **si las mujeres no realizaran todas las tareas querealizan**,sielestadotuvieraqueproporcionarcomida,lavandería y planchado de ropa para sus ciudadanos, guarderías de tiempocompleto para todos los niños que nacen y servicios de hotel, **nohabría economía que aguantara el gasto**, ni aun la de los paísesmas ricos delmundo.

No sólo vale muchísimo el trabajo doméstico en sí, o sea en costodirecto,comosisumáramoscuantocostaríapagaraquienplanchara, lavara, guisara, cuidara niños, manejara las relacionespúblicas del marido, supervisara el funcionamiento global de unacasa,fueraenfermera,secretaria,choferyhastaamante,etc.genéricamente pues, **el trabajo doméstico también vale como loque es:el cimiento de todos los demás trabajos.**

Sinembargosiseestablecieralaobligatoriedaddeunsalariodoméstico no sería una solución pues tendería a encerrar aun más a las mujeres en la familia y las exigencias serían aun mayores y nose lograría **el objetivo principal que es lograr que las mujerespuedan tener el tiempo de calidad** que se requiere para asumirotras funciones distintas de sus papeles domésticos.

El trabajo doméstico no se suele apreciar en lo que es, el trabajodoméstico muestra el talento de manager y de organización de lamujer[102]y a lo largo de los siglos ha demostrado ser una buenaadministradora delos recursos del hogar.

No obstante debiera instituirse un convenio entre esposos para unaciertaautonomíafinancieraalaesposaqueleproporcioneelsentimiento de una justa retribución de sus esfuerzos[103]

Los economistas no deben perder de vista que para que un obreropueda llegar a la fábrica a producir algo con su trabajo, se necesitaque se vista,que coma,que duerma, que viva en un lugar dondeesto se realiza día con día, sin contar con que necesita del apoyo,del cariño y de la compañía que recibe. Igual ocurre en el caso deun funcionario público, de un artesano o en el caso de cualquierotrorepresentantedelacadenaquecomponelapoblacioneconómicamente activa de nuestro pais.

Mencionamos el ingrediente del apoyo y del cariño, la mujer nosólo debehacerlo todo pronto yeficazmente, sinoqueademásincluye un ingrediente que no tiene precio el cual no hay con quépagarlo que es el interés, la ternuray la dedicación.

Cercadel52%delapoblaciónconsideradacomoeconómicamente inactiva realiza quehaceres domésticos Si estostrabajos son realizados por personal externo contratado para dichopropósito quienes efectúan dichos trabajos son considerados comoparte de la población económicamente activa. Pero estos mismostrabajoscuandosonrealizadosporlasamasdecasaautomáticamente caen en el despreciativo rubro de "inactividad"[104]Este **trato de excepción** que se da a las amas de casatiene raíceshistóricaseneldesprecioymenosprecioalasactividadesdela

---

[102] Peter Norden El derecho de la mujer p. 102 cita la profesor Wolf Müller-Lemmrott (de München, Germany)

[103] J.P. Auffret Rhône"La vie des Femmes" en Marie France, Revista, France, Juin 1982, No. 316, p. 21

[104] Cfr. Vid Sergio Sarmiento "Mujer y madre" en ReformaMayo 10, 1995 p. 8-A

mujer. Las amas de casa son las únicas que realizan un**trabajoque no esconsiderado trabajo**.

Difundida como está en nuestros países latinoamericanos la idea de que la mujer que trabaja dentro de su hogar, como ama de casa, noestá haciendo nada, es difícil que prospere la idea de lo que enAlemania se convirtió en derecho vigente "el derecho del ama decasaalpagodesutrabajoyalos**bienesgananciales**deunmatrimonio que ha sido sujeto de un trabajo conjunto"[105]Así puesen la República Federal Alemana el Tribunal Constitucional hareconocido que "es equiparable la aportación hecha al sustento dela familia por la vía del trabajo doméstico con la que se hace pormedio de una actividad burocrática"[106]Esta **valoración del trabajo delasamasdecasa**ydelcuidadoyeducacióndeloshijosrepercuteporejemploenlare gulacióndelasituacióneconómica en el caso de un divorcio dándose en ese caso un mayor equilibriofinanciero.

Desde el punto de vista de la economía global se considera queanualmente se pierden 11 mil millones de dólares debido al trabajo no remunerado realizado por mujeres, como: el trabajo doméstico,el cuidado de los niños, el trabajoagrícola y de otros tipos[107]

Elamadecasaestádoblementeexplotada,todavezquenoproduce para la sociedad sino únicamente para su núcleo familiar.

Por otra parte cuanto más alto sea el nivel de educación de unamujer,conmenorrapidezsecasará,lasprofesionistasestánhuyendodelmatrimon ioporquedentrodeélnuncasehacompartidonieltrabajo,nilasatenciones.Lasmujere scasadasal ir transigiendo día a día van aniquilándose a sí mismas se venlimitadas, dominadas, sofocadas, dependientes y sometidas por sus maridos no se dan cuenta de lo esclavizadas que se encuentran, yesto no resulta muy atractivo para lasmás preparadas

---

[105] Ibidem. P. 72

[106] Ibidem p. 156

[107] Centro de Información de las Naciones Unidas para México, Cuba y República Dominicana

Si todo lo que afirmamos sobre el trabajo no asalariado de las amas decasalespareceunalocura**imaginémonosporunmomento unahuelgadebrazoscaidos de todaslas mujeresdelpaís,**imaginémonos el caos que se produciría en todos los niveles, porquenorecordaraaquellaLysistratadeAristophanes,singularprotagonista que organizóuna campaña en favor de la paz a partirde un movimiento huelguístico hogareño muy peculiar, hoy por mi ampliamente recordado y añorado.

LA MUJER Y LO SOCIAL.

LA MUJER COMO CLASE

Hacerse la pregunta de qué es lo que caracteriza la vida de lasmujeresenlaciudad,enelcampo,cuálessonsusproblemasparticulares, cuales sus realizaciones concretas, cual es su cultura,cuales sus niveles de educacióny de salud.

Son muchas las respuestas que se pueden dar y muy variables,desde el punto de vista con el que se enfoquen.

Sintemoraequivocarmeafirmoquedondehaypobrezalasmujeressonlasmásafectad asydondeexistealgúntipodeprejuicio son asimismo lasmás discriminadas.

La mujer pertenece a uno de los grupos marginados de la sociedadmisma que por su propia estructura ocasiona la opresión de ungrupo por otro grupo.El problema radica en la injusta distribución de la fuerza, considerada no tanto como la opresión del hombrehacia la mujer, sino que cuando uno de los grupos de la sociedadtiene mas fuerza se dan las condiciones para que el más fuerteoprima alsegundo.[108]

Siguiendoestaconceptualizaciónpodemoshablardelaexplotación del obrero, la explotación del indígena, de malos tratos a los niños por parte de sus padres que son mas fuertes que ellosfísicamente.

En el caso de nuestras hermanas campesinas las encontramos portodo el territorio nacional agachadas sobre el metate, soplándole alanafre ycon el "chilpayate"[109] sobre las espaldas

---

[108] Cfr. Maria Idalia "Evolucion de la idea..." p. 3

[109] "Chilpayate" mexicanismo, los aztecas se referían por este nombre a los bebés, a los niños de brazos.

Igualmente, encontramos que si bien el obrero esta explotado, lamujer obrera lo está doblemente pues aunque su jornada de trabajosea por igual de ocho horas, al llegar a su casa trabaja en el "noremunerado" trabajo de la atención del hogar y los hijos, asi sudisponibilidad de trabajo es de 18 horas mínimo diarias, los sietedías de la semana y además, sin derecho a vacaciones.

Curiosamente se da el caso de una subestimacion de las propiasmujeres hacia las demás desu mismosexo.

En términos sociales las mujeres formamos un grupo minoritario,no numéricamente, sino en términos sociales, dado que económica, política y socialmente no hemos podido alcanzar una equiparacióncon el hombre.

Sabemos de estas situaciones,lo que debemos remarcar es que a la mujernoselatomaencuentacomopersona,dadoque aparentemente tiene losmismosderechosyobligacionespuestoque la Constitucion en su articulo 4o.así lo establece, sino que enrealidad, en la vidadiaria nose le permiteejercerlos[110]

Dehechoennuestropaíslasmujeressomosmexicanasporderecho pero ignoradas por tradición.

A México lo han hecho por igual los hombres y mujeres, peropocos reconocen la contribución y participación de la mujer en laformación de esta Nación pareciera que sólo a las mujeres aun nosrigeaquelordenamientomonárquicoimplantadoenlospaísessometidos "Ustedes nacieron para callar y obedecer".

A las mujeres se nos discrimina profesionalmente (aun cuando enlas universidades son mayormente las mujeres las que obtienen lasmasaltascalificaciones),normalmenteseprefiereacudira consultar a un médico que a una doctora que posea los mismostítulosacadémicos;sedudadenuestracapacidadparadesempeñar

---

[110] Ibidem yConstitución Política de los Estados Unidos Mexicanos ArtículoCuartopárrafo segundo "El varón y lamujerson iguales ante la ley. Esta protegeráel desarrollo de la familia...".

ciertas actividades y casi universalmente la mujer percibe menorsalario que el hombre por el mismo trabajo.

ComodecíaIkram Antaki"Unamujerinteligenteesunavieja bruja" la inteligencia es "depredadora"[111]

En cuanto a la vida social, un soltero por ejemplo[112]es siempre bien recibido, una soltera es casi como unestorbo.

Estas sutiles desigualdades arrastradas desde tiempos inmemoriales creanenlasmujeressentimientosdeinferioridad.Lamayoriasiente que su papel en la sociedad es totalmente secundario. En una encuesta realizada en los Estados Unidos el 30 % de las mujeresafirmóquemásdeunavezensuvidahubieradeseadoserhombre[113]pero sólo un 3 % de los hombres afirmó que hubieraquerido ser mujer[114]. En cuanto a los hijos el 91 % de los hombres y el 66% de lasmujeres prefirieron tener varones.

Enotraspalabras,latradicionancestraldequeelhombreessuperior a la mujer aun tiene arraigo a principio del siglo XXI.

Pero la **complejidad del asunto**deriva de que a cada campo leestá dando ayuda y confort el otro, la mujer ha seguido con susueñodesumisiónyelhombreconeldeidentificación,ladiferencia de actitud se manifiesta en el plano sexual y espiritual,asi lamujer"femenina" tratade atrapar al hombrey lamujer"emancipada" quiere ser activa y se opone a la pasividad que elhombredeseaimponerle.Nilouno,nilootro,lamujer,MUJER asiconmayúsculas, aceptasusvalores,puede pensarpor símisma,

---

[111] Ana María López"Ikram Antaki analiza 30 años de feminismo" en Redes Año 5 No. 191, 22 de Marzo de 1999, Toluca, Mex. P. 20 ," nuestra sociedad descansa sobre premisas falsas, la paternidad tradicionalse ha desmantelado con la contracepción y el poder de decisión que está ahora en manos de las mujeres Alquererestablecerunafamiliamásigualitarialoqueselogrófueunafamiliamatricentradaconuna sobrepresencia de la madre"

[112] Citado por la Dra. Joyce Brothers El arte de ser mujer (s.d.) Coleccion Libro Hogar, PublicacionesDearmas, Venezuela,112pp., p. 13

[113] Citado por ibidem p. 13. Cfr. Gertrude Aretz, Mujeres Famosas p. 24 "Liselotte del Palatinado, llamadaIsabel Carlota de Heidelberg, duquesa de Orleans quien nacio en mayo de 1652afirmaba 'Habria sido congusto varón'"

[114] Cfr. vid Margaret Füller "The great lawsuit" en The Feminist Papers by Alice S. Rossi p. 166 "Yopercibo que los hombres enningún extremodesean sermujeres".

puedeactuar,trabajarycrearenlosmismostérminosdeloshombres, enfin ella es igual.

La sociedad ha sido codificada por el hombre, por lo que se hadecretado que la mujer es inferior, por tanto, la mujer debe destruir la superioridad masculina. Así como resulta mas fácil acusar a unsexoparaexcusaralotrocomodiríaMontaignelaopresiónfemenina ha dado lugar a unestado de guerra[115]

---

[115] S. de Beauvoir op. cit. pp. 797-799

EL TRABAJO FEMENINO REMUNERADO

El rol que juega la mujer en el mundo es el de perpetua gestante ycuidadoradeniños,mantenedoradelhogaryproductoradealimentos[116]

Aunado al sometimiento de la mujer están la actitud patriarcal y lareclusióneneluniversodomésticoLasociedadpatriarcalpredominantepresupone obedienciafemeninaacambiodemanutenciónperocuandolamujerescapadeeseuni versoyempieza a participar en el proceso productivo escapando del papelpreviamente asignado contradice el papel de esposa y madreytiene por tanto menor necesidad de la "protección" del hombre portanto menos aceptará incondicionalmente su autoridad pero ¿quépasaría si cada mujer requiere como condición ineludible para suexistencia su independencia económica? ¿Qué pasará con los hijosabandonados bajo el pretexto de que cada uno de los padres deberealizarseeconómicamente?¿Quépasaráconlafamiliacomonúcleo social con dos cabezas iguales, importantes ambas en susdistintasactividadeseconómicasyconlamismanecesidadde realización y éxito? Se asume el **eufemismo de que a los hijos lesdanmas"calidad"que"cantidad"**enloreferentealcuidado.

Noobstantelasnecesidadesde**realización**noafloranalasuperficie[117]En Estados Unidos el 39 % de las amas de casa planeatener un trabajo pagado en los próximos años y el 79 % planeahacerlo en cuantopueda.[118]

En cierta medida a través del empleo la mujer puede recorrer unagrandistanciaenlaseparacióndelhombreperonadapuedegarantizarsulibertade nlapráctica,Nocreemosciertamenteque uncambioenlascondicioneseconómicasdelasmujeresseaporsí

---

[116] Aurea Acosta "Lamujer produce mas del 50 % " p. 16

[117] Cfr. Vid Marisol Martin Reig "El divorcio en México" p. 5

[118] Gloria Steinem "How women live, vote,think" p. 54

solo suficiente para cambiar su condición, aunque este factor es, ha sido y sigue siendo el factor básico ensu evolución.

De modo que la mujer trabaja dos terceras partes de las horaslaborables de todo el mundo, ganando tan solo una décima parte de los ingresos mundiales[119]

El trabajo de la mujer no se reconoce, las estadísticas omiten eltrabajorealizadoporlasmujeresparasubsistir,perodebemoshacer notar que por ejemplo las mujeres que habitan en las áreasrurales de todo el mundo producen cuando menos el 50 % de losalimentos. Nuestras campesinas lo mismo siembran, que riegan,recogen las cosechas, amamantan a los hijos, sufren las palizas delosmaridosqueseemborrachan,hacenlacomida,echanlastortillas hacen desde la salsita en el molcajete hasta los frijolitos yel café de olla, son ellas las que acarrean el agua y hasta las quecargan la leña para el fogón, sin embargo este trabajo femeninopermanece olvidado entre eltrabajo invisible de la sociedad.

A nivel mundial las mujeres ganan como media del 40 al 60 % delos salarios de loshombres.[120]

Las mujeres casadas que trabajan lo hacen durante un promediodiario de 13 horas 35 minutos, o sea 5 horas y media mas que las 8horas promedio de trabajo de un obrero o empleado.[121]Este datosurgió cuando una economista norteamericana decidió investigarpor qué un alto número de mujeres casadas abandonan su trabajo osu empleo después de unos pocos años. Las pobres "truenan" porsimple agotamiento, ya que descontando las 8 horas para dormir no les queda tiempomas que para correr de su casa al trabajo yviceversa.

---

[119] Ibidem

[120] Ibidem p. 13

[121] Cfr. vid supra capitulo sobre la mujer y lo social

De acuerdo con el INEGI en las familias tradicionales las mujerestrabajan en las labores domésticas un promedio de 35.7 horas y loshombres sólo dedican a ellas12.8 horas[122]

Bien, si las mujeres hacen lo que hoy por hoy se considera sutrabajo natural y adecuado y aun les quedan fuerzas y energias,entonces **"tienen permiso"** para hacer otra cosa (desde luego elpermisodelmaridoresultaineludibleeindispensableparaoptar poruntrabajofueraodentrodecasa).Peroloqueocurreen realidad es que si tanto le han lavado el cerebro a favor de la"abnegacion" nunca se le ocurriría hacer lo que quisiera, no esposiblepensarsiquieraenesostérminosnosetienelafuerza suficiente paradesearlo.

Por lo mismo el mayor lastre con el que se debe luchar son los**prejuicios sociales.** Prácticamente no existe ninguna instituciónqueadmitaquelamujeresunserhumano[123]Paralasinstituciones su función es la de parir y criar uno o mas hijos. En algunos casosalgunos elogian a las mujeres que trabajan para ayudar al maridoincapacitado o cuando tienen necesidades económicas, pero jamásjustificarían el ejercicio de una profesión en una mujer si no es porproblemas de dinero, pues esto, según dice Rieke Müller, es propio deunasociedadquesiemprehamanejadoalasmujeresasu antojo.Noshabladesuregresoaltrabajodespuésdevariosaños de dedicación exclusiva a la familia, encontrándose que el regresoal trabajo le producía terribles sentimientos de culpa, ya que debíadejar a sus hijos en manos de otra mujer. Posteriormente comprobó queatodaslasmujeresnossucedelomismo,noimportalaprofesión,todasnossentimo sculpablespornoser"madresperfectas"y pasar el tiempo junto a los hijos.

Resultaríadegranutilidadelaborarunaguíadeactividadesprofesionalesparalamujer queincluyatrabajosllamémoslos

---

[122] INEGI Encuesta Nacional sobre Trabajo, Aportaciones y Uso del Tiempo 1996 datos de www.inegi.gob.mx

[123] Rieke Müller-Kaldenberg "Causa polemica el libro Madres con una profesion, en Excelsior15 de Octubre de 1981p. 30 B.

"insólitos" como carnicera, piloto, analista financiero, ingeniera,soldado, desde luego con direcciones y consejos prácticos, inclusohacerlosenelwebyponerunapartereferentea"la**segunda oportunidad**"paraaquellasquequierenvolveratrabajar:**re- trabajar** o sea un reciclaje, todo lo que implique el poder hacerlopara las amasde casa[124]

Sindarnoscuentarelacionamoslaautocensuraconviejosatavismos, las labores domésticas, la rutina diaria, nuestro papelfemenino, como decia Beatriz Espejo[125]"Como envidio a una nanaquelasalvaguardaparaquepuedatrabajar.Loshombrespermanecen a salvo de tales problemas, como intelectuales todo elmundoesperaquecumplansucometidoylasmujeres?mepregunto si para poder efectuar labores intelectuales deberíamosprescindir de una vida establecida como amas decasa".

Estoy convencida de que **la mujer se integrará a la sociedadúnicamente por medio del trabajo remunerado.**

Cuando uno trabaja, en un trabajo de esos que sí son consideradostrabajo, siente que el trabajo le da un cierto sentido de identidad,pues uno empieza en la vida siendo la hija de papá, luego la esposa de fulano y después lamadre de sutano, pero cuando trabajo soy**Yo**

Desde otro punto de vista veo **el trabajo remunerado como unanecesidad,**nonecesariamenteeconómica,esuncambiodeambiente,essentirseú tiles,essentirsepersonas,essentirserealizadas, es saber que puede uno hacer aquello que no es tandifícil como los hombres nos lo hacen ver, que somos capaces deemprender y realizar cualquier trabajo y todo esto no siempre tiene que ver con el dinero, ese dinero que cuando lo ha ganado uno estan sabroso y tan satisfactorio.

---

[124] Cfr. "Carrière au feminin"en Marie France No. 316 Juin 1982, p. 20

[125] Beatriz Espejo "Si no hubiera maridos pudiera haber escritoras" en Revista Claudia Octubre 1981, pp 104-105, p. 105 Cfr.

Vid anuncio donde aparece una muchacha cargando una enorme pila de papeles ydice: "Wish I had awife" en

Goodhousekeepingvol. 246 No. 4 April 2008 p. 164

Comprendamos que la elección de salir a la calle a trabajar cuandosetienenniñospequeñosnoesunaeleccionsimple,sinouna decisión difícil de asumir, pues se debe contar con **otra mujer** quese haga cargo de los niños -que además tiene un costo económico-mientras se sale a trabajar. O sea que al salir a trabajar alguien setiene que quedar en su lugar encargado de las tareas domésticas –si se cuenta con recursos- Generalmente ese alguien es la empleadadomésticaqueesunafuerzadetrabajomuynumerosanoabsorbida por el mercado formal y puesta al servicio de la clasemedia y alta, en realidad si no fuese por el empleo doméstico lasestadísticas de desempleo serían mucho mayores. La situación deltrabajo de la empleada doméstica es poco clara, para empezar, porlogeneralvivenencasadesuspatronesdondesealimentany lavan su propia ropa, datos que no se suman en el salario queperciben

Desde luego este problema no existe para las solteras es evidente,para las mujeres solas el trabajo constituye una obligación, paralasmenosjóvenesunanecesidadquedesdeluegovaaproporcionar beneficios de muchos tipos.

A veces se dejan oir gritos angustiados de quienes trabajan fueradel hogar "Yo rehuso de escoger entre mi destino de mujer quetrabaja y mi vida de madre de familia; no acepto morir a lo largodel año ni de aburrimiento doméstico, ni de fatiga profesional; noquiero ver a mis hijos ni dos horas por día corriendo , ni doce horas por día gritando. Yo no creo ni en el trabajo liberador, ni en elsacrificio femenino incondicional; tengo deseo de vivir. Yo quierotodo a la vez; ya tengo bastante de ser una mujerdividida en dos"[126]

Hemos hablado de la **depresión** de las mujeres que permanecen en sus hogares, que se enferman de **tedio** entre cuatro paredes, perodebemosasentaryplantearlaangustiadelasmadresquetrabajan,

---

[126] Ch. Collange op. Cit, en contratapa.

perpetuamentecolocadasentrelasdosriberasdesuvidacotidiana[127]

Existe una ambivalencia por un lado el salir a trabajar puede sernecesario, pero por otro lado se siente la necesidad de ser la madreperfecta y dejar al hijo para ir a trabajar genera un sentimiento deculpa, el cual le produce un mayor estrés, sin embargo nadie tienenada que objetar cuando la mujer hace una aportación sustantiva alos ingresos totales de la familia

Siendolasmujeresmascumplidasyaplicadasqueloshombresa su trabajo, su aptitud profesional es constantemente puesta en duda y cuando se da el caso de dificultades profesionales, en lugar depersuadirnos de que todos los demás son unos imbéciles, nosotrasnos implicamos personalmente.[128]No nos sorprendamos, no nossonrojemosperoimaginémonosaunajovenquealacabarsus estudiosbuscatrabajo:mismodiplomaquesuscompañerosvarones¿Mismasoportu nidades?Ciertamenteno.Igualmentebrillante ella verá que sólo le son propuestos los puestos menosinteresantes y menos remunerados. No obstante esas jóvenes quelogransalirdesushogaresparaentraraluniversodeltrabajo asalariado, descubren el extraordinario poder del dinero ganado atítulo personal. El dinero que puede una joven gastar sin el permiso de los padres y que les permite dar los primeros pasos hacia la"libertad".[129]

Enunciamos solamente el supuesto de que **cuando una mujer** conhijos pequeños **sale a la calle a trabajar es porque cuenta conotra mujer**, ya sea su madre, hermana, tia, sirvienta, hija mayor,ama de llaves, criada, chacha, chica o como quiera que se la llameen cualquier parte del mundo, es siempre el cambio del trabajo deuna por otra, pero el trabajo en la casa se debe de seguir haciendo,es ineludible.

---

[127] Ibidem p. 60

[128] Ibidem p. 55

[129] Ibidem p. 23

Hoyendíaexistenen Méxicoalgunasguarderíasparaelcuidado
delosniñosduranteunashorasparaquelasmujerespuedandesempeñar su trabajo, con ciertas restricciones pues hay que dejar a los niños a las 8 am. y recogerlos a las 5 pm. Lo cuál no siemprese adecúa al horario de las madres trabajadoras. De esta formaigualmente son otras las mujeres que se tienen que ocupar de losniños.

Asi, si las mujeres-esposas tuvieran otras mujeres que se encarguen de cuidar a los niños, que se quedaran encerradas en casa con losniños vomitando, que lavaran y enceraran los pisos, corrieran almercado,checaranlascuentasbancarias,escucharantodoslosproblemas,preparar anlascenasycomidasdecompromisoyelevaranelespiritudiariamente,imaginensol amentelas posibilidadesdeexpansión,lacantidaddelibrosqueseríanescritos,lascompañíasque secrearían,lasprofesionistasquehabría, los puestos públicos bajo órdenes de mujeres.

Claramente vemos que las mujeres de altos logros tienen amas dellaves,nanas,cocineras,etc.quienesasumenmuchosdelosenunciados "hogareños servicios"[130]

Frecuentemente para medir el grado de desarrollo de un país seutiliza el indicador de la proporción de mujeres que participa en elproceso productivo, por ejemplo: en 1977 en Estados Unidos 41 % de los trabajadores eran mujeres y en America Latina eran apenasun 12%[131]

Subyace en el fondo de todos la creencia de que **las mujeres seintegran al trabajo** por un afán de superación personal, pero no,lasmujeresseintegraltrabajoasalariadomasivamente,por presiones económicas, demostrándose que el 50 % de las mujeressolteras,separadasodivorciadasentre20y39añosdeedadtrabajanysolamen teun9.9%delascasadas;[132]esdecirquela

---

[130] Gail Sheehy Passages p. 157

[131] Ma del Carmen Solórzano"Lamujery el proceso económico"en Excelsior 22 de Octubre de 1981

[132] Ibidem

proporcióndemujeresasalariadasquenodependeneconómicamente de un marido es muy superior a la proporción demujeresasalariadascuyomatrimoniolesproporcionacierta estabilidad económica.

Es en momentos de crisis cuando la mujer se incorpora en mayormedida al **trabajo asalariado.** Pero esta incorporación femenina al trabajo asalariadoprovoca dosproblemas: 1.DisoluciónFamiliar y
2. Aumento del Desempleo.

Aproximadamente el 50 % de la población en edad de trabajar estáconstituídapormujeres,peroelporcentajedelasmujeresque laboranacambiodeunsalarioesciertamentemuyinferior,por esta razón nos dice Maria del Carmen Solorzano[133]es necesariodesmitificar las siguientes cuestiones:

1. Las mujeres se integran al trabajo asalariado cuando los salarios de los hombres no alcanzan para el sostenimiento familiar, no lo hacen por razonesespirituales.

2. El trabajo asalariado femenino no ha propiciado sociedades mas estables, sino un desempleo mayor y una crisis familiar aguda(desaveniencias familiares, divorcios, abandonos, etc.)

3. Es un error pensar que si una pequeña proporción de las mujeres trabaja por un salario el resto no trabaja. En Mcxico la mayoriade las mujeres trabaja no sólo en el hogar, sino en la producción agrícola,artesanal,enlasempresascomercialesfamiliares,donde no se les paga; gran cantidad de mujeres comercian conmercancias que ellas mismas elaboran. El desconocimiento deeste trabajo se debe a que como no se percibe un salario no se

contabilizaenlasestadísticas,formandopartepuesdela economía subterranea.

4. Lasmujeresqueconsutrabajoasalariadoobtienenmejores condicionesdevidasonabsolutaminoria,elmayorporcentaje

---

[133] Ibidem

de asalariados lo constituyen las trabajadoras domésticas, ellas y otras mujeres quedesempeñan trabajos nocalificados carecende las seguridades y prestaciones que por ley corresponden a los trabajadores asalariados

En México existe una marcada **discriminación salarial** de la mano de obra femenina en 1999 las mujeres profesionistas que estabantrabajando percibían un -34.79 % menos que sus compañeros. Estadiferencia es menor tan solo del -5.78 % en el caso de trabajadorestécnicos y personal especializado y no hay diferencia en cuanto alsalarioenelcasodelosmaestros,habiendounadiferenciadel-29.79%enelcasodefuncionariospúblicos.Asimismoel48.5% de las mujeres sin instrucción primaria considera que para ellas esmás difícil la vida. El 46.8% de las mujeres que trabajan fuera delhogarconsideranqueparaellasesmásdifícilqueparasuscompañeros. En el caso de las mujeres que permanecen en sushogaresel47.2%tambiénconsideraqueparaellasesmásdifícil lavidaqueparasuscompañeros.En1996Méxicoteníaunapoblacióneconómicament eactivade31'200,179deellos10'381,997[134]eranmujeresqueaportabaningresospara elsostenimientofamiliaroseael33.28%delapoblacióneconómicamente activa está constituído por mujeres

Lasmujeresasimismonotienenprácticamenteespacio"enlacumbre"comoejecutiv asdenegocios,bancosocorredoresde bolsa, aun son relativamente pocas las mujeres con una profesión,noesfrecuenteverlasempleadascomoadministradorasdelas universidadesocomoprofesorasenlasuniversidadesyprácticamente ninguna mujer entra enel clero[135]

En 1985, en México dentro del catálogo de servidores públicossuperiores o sea de directores generales o su equivalente en líneaascendentesólohabíaunamujerenlaProcuraduríadeJusticiadel

---

[134] La base de estas cifras la podemos encontrar en el Sistema de Indicadores para el Seguimiento de laSituación de la Mujer en México (SISESIM) Instituto Nacional de Geografía e Informática, Secretaría del Trabajo y PrevisiónSocial

[135] J oseph H. Fichter Sociología p. 72

DDF y de las 8 Secretarías y 79 paraestatales ninguna tenía aninguna mujer en sus cuadros directivos.[136]Pero eso sí enlosnivelesmásbajos¡cómohaysecretarias!Hoyendíaencontramos avariasmujeresalfrentedeSecretariasdeEstado:Educación Pública, Relaciones Exterioresy Energia.

Por otra parte, la existencia de un **desempleo** significativo indicaque muchasmujeresquieren trabajar pero noconsiguen hacerlo.La falta de trabajo afecta más a las mujeres que a los hombres entodas las regiones. En 2006 el desempleo femenino fue de 6.6 porciento, mientras que la tasa de los varones estuvo en 6.1 por ciento, en consecuencia el año pasado había 81.8 millones de mujeres sinempleo. En otros países también quieren un empleo, pero ya no lobuscanporqueconsideranquenohayningunodisponible.EnpaísescomoAlemani a,Australia,Austria,Bélgica,Grecia,Holanda, Noruega y Portugal, unas dos terceras partes del total delas personas con edad para trabajar son mujeres desalentadas. Esaproporción sube hasta casi 90 por ciento en Italia y Suiza.[137] Ahoracon la crisis mundial habrá un retardo inevitable en el proceso deincorporación de las mujeres a los mercados laborales.

Debemos asimismo considerar también que existe un trabajo noasalariado,formalmentehablando,hechopormujeres-elqueforma parte de la **economia subterránea**- que el hecho de que noaparezca en las estadísticas no debe llevarnos alerrorde negar suexistencia. Este trabajo es indispensable en la economía del país.Unnuevo procesodedesarrollodebedarlelaimportanciaque merece aeste trabajo imprescindible pero olvidado.

Pero cuanto más fácil sería la vida, mas simple, más amplia, masnormalsitantoelhombrecomolamujertrabajantantoenel exterior como en el interior. ¿Estoy soñando?

---

[136] José R. Castelazo "Nuestra clase" p. 2

[137] Tendencias Mundiales del Empleo de las Mujeres2006 www.cimacnoticias.com

QUIEN MANTIENE A QUIEN

La mujer tiene la idea de que el esposo la mantiene cuando ella notiene ingresos propios, yo creo que ningun esposo mantiene a sumujer dado que el **valor económico del ama de casa** es enorme:mínimamente la esposa debiera recibir el salario mínimo, tomandoen cuenta el salario de una lavandera, de una cocinera, las horasextras,ladoblejornadadeldomingo,ladelosdíasdefiesta, añadiéndole que la esposa también es administradora, equiparableal ahorro por el costo de un contador, aparte es psicóloga puesescucha los problemas de unos y otros, es educadora de los hijos ysin embargo siempre escuchará quejas de que los angelitos estanmal educados aunque el que los malcrie sea el propio padre. De talmodo que la esposa realiza toda una serie de actividades que tienen un valor económico muy alto. La mujer debe tomar conciencia deque no sólo no es mantenida en el sentido machista del término,sinoqueporlomenosel50%delsalariodesuesposolecorrespondeporelsolo hechodequeelesposopuedesalira trabajar a la calle gracias al **trabajo de infraestructura** que lamujer efectúa como ama decasa.

PeroenMéxicosucedealgoquedebetomarseencuentacasiel80
% de las mujeres tienen cuando menos un **hijo** a lo largo de su vida perosóloel63%deellasestáncasadas,porloqueaquellas madres solteras tienen que sostener a sus hijos sin el respaldo   deun esposo[138]

Sergio Sarmiento[139]transcribe la siguiente cita:

---

[138] Sergio Sarmiento "Mujery Madre" Reforma Mayo 10, 1995

[139] Ibidem

"Hemos encontrado una máquina que puede hacer el trabajode dos hombres,se llama mujer". Anónimo:

La mujer no debe sentirse devaluada; su trabajo debe ser respetado, su esfuerzo diario tiene un gran valor económico lo que debemoscambiar es el sistema que educa al hombre para oprimir y reprimira la mujer.[140]

DeciaBernardShaw[141]queestanenormelacantidaddetrabajo que en la Nación se hace con carácter de quehaceres domésticosque es obvio que las mujeres deberían participar en el gobierno.

A menos que se logren cambiar, de todo a todo, los conceptos detrabajo y recompensa a cambio de trabajo, las mujeres tendrán queseguirproporcionandotrabajobaratoogratuito,obtenidoconplenoderecho[matrimonio]porunpatrónquedisponedeun**contratovitalicio**yqueademáslofavoreceunilateralmente.[142]Asimismo nos dice Ivan Illich[143]que la sociedad industrial exige esa actividad femenina invisible, no remunerada, ni reconocida, ese**trabajo fantasma** como complemento necesario de la produccióndebienesyservicios.Noesposibleignorarsuverdaderanaturaleza,esta**servidumbregratuita**sehaconvertidoenla**discriminación** mas importante de las mayorías. **Para el trabajodoméstico se nacemujer.**

---

[140] Maria Idalia "Evolución de la idea del feminismo en el programa de Margarita Isabel" en Excelsior 1o. de febrerode 1980p. 3

[141] Citado por Selecciones México Marzo 1982 p. 4

[142] G. Greerop. cit. p. 21

[143] En el Viejo Topo marzo 1982 citado por Patricia Morales "Hombres y Feminismo" Uno mas Uno Diario Marzo23, 1982 p. 20

LA MUJER CASADA Y EL TRABAJO REMUNERADO

Es enervante que un ama de casa, madre de familia que trabaja unpromedio de 80 horas semanales se suponga "que no hace nada",simplemente es un ser sin profesión que además no se beneficia deninguna de las ventajas sociales que se les dana los trabajadores.

Si bien en lo general las mujeres se muestran interiorizadas de supapel, las mujeres están tomando conciencia de su situación y noaceptan mas ser reducidas al rol único de satélite del marido y loshijos, no obstante, para poder salir a la calle a trabajar tienen quetrabajarmuchasvecessólotiempsparcialesparapoderhacer además toda una serie de actividades y cosas que dan soporte a lafamilia, ya que sibienloshombres yahora cadavez maslasmujeres, tienen que trabajar para hacer posible la vida, las mujeresademás tienen que trabajarpara hacerla soportable.

Las mujeres por lo general se ven obligadas a sacrificar tiempo dedescanso y horas de sueño para cumplir con la **doble carga** de suempleo y eltrabajo del hogar

Existe un conflicto importante entre el trabajo profesional de lamujer y el trabajo que esa misma mujer ha de realizar luego en elhogar, aunque se dice que la mujer que trabaja fuera de casa es una "mujer liberada", la cosa no es tal, si esta mujer está casada y tienepersonas a su cargo como esposo e hijos no hay tal liberación, pues a las horas de trabajo que realiza fuera del hogar ha de sumar lasque trabaja luego en casa.

Todos los movimientos feministas del mundo, todas las nuevasformas de pensar de los nuevos matrimonios, toda la propagandaque se quiera hacer sobre el tema no librarán a la mujer en elmundo entero de sus responsabilidades en el hogar.

ChristianCollangeafirma[144]"Yoheescogidolosriesgosdela semi-libertad para no pasar lo esencial de mi tiempo lejos de loesencial demi vida".

Informes elaborados por la Organizacion Internacional del Trabajo, OIT,declaran que el 46 % de las mujeres en edad laboral trabajanochenta horas semanales, mientras que sus maridos solo trabajancuarentay en algunos casos nada mas treinta y cinco, eso se debe - según lo indica la OIT-[145]a que las mujeres con responsabilidadesfamiliares cuando vuelven a casa seencuentran con que debenhacer la comida, el lavado de la ropa, limpiar la casa, planchar laropayatendertodaslasdemásdemandasdelesposoydeloshijos y esto ocurre en todos los países del mundo, tanto en los que estánen vías de desarrollo como en los desarrollados.

EnBélgicasehaobservadoqueconlaentradamasivadelas mujeres al mercado de trabajo resulta que los varones ahora tienendemasiado tiempo libre pues sus mujeres ahora están aportando uningreso extra a la casa por lo que ellos no tienen que esforzarsedemasiado dando como resultado que ha aumentado el número decampos de golf y los que hay se encuentran saturados por todos los hombres a los queles sobra tiempo.[146]

Decía Ikram Antaki "En el Mediterráneo, todos los derechos sondel hombre, pero todos los deberes son del hombre; hay mujeresmaltratadas,peronohayhijosabandonados".[EncambioenMéxico decía] "me lo tuvo que explicar Octavio Paz: 'este es unpaís que se mantiene gracias a las mujeres, un solo polo de lasociedadcrece;lasquesevuelvenadultassonlasmujeres.Tenemosenlasclasesmod estasmásmujeresresponsablesdel mantenimientoeconómicodelacasaquehombres.Ellahace

---

[144] Ch. Collange op. Cit p.21

[145] (s.a.) "Ochenta horas trabajan las mujeres por semana; los varones cuarenta"en Excelsior 3 de enero de 1982 pp. 17 By 20B.

[146] Lic. Graciela Reynoso Lima

tortillas, vende gorditas; él toca guitarrita y la llama madre. Este no es un machismo normal'""[147]

Enlospaísespobresdeltercermundolamujersiguesiendoconsideradacomodeinferi orcategoríadelhombreenformaoficial y ninguna mujer sería capaz de rebelarse contra el sistemaque la obliga a atender en forma directa y personalmente su hogaraun después de haber realizado una jornada laboral normal, igualque su marido.

En los países desarrollados la mujer tiene consideración oficial de"igual al hombre" pero cuando llega a su casa después del trabajoha de arremangarse las mangas   y   debe   hacer   las   labores diariasigualquesuhermanatercermundista,sinoconlamismaresignación, sí con el mismoesfuerzo.

Naturalmentelamujerdelpaísdesarrolladodisponedevarios   **aparatos electrodomésticos** que le facilitan las labores del hogar,"sus labores". Pero también tienen muchas más cosas que limpiar,las viviendas cuentan con mas metros cuadrados y toda una amplia gama de productos que ofrece la publicidad que tiene que utilizarpara estar aldía ensudesarrollo.

Yo creo que el trabajo doméstico aumenta de acuerdo al ingreso,tienes más dinero la casa es más grande, hay más cuartos de baño,más habitaciones, más muebles,   más   adornos   que   hay   que limpiar,puedeserquesepuedapagaraalguienparaquelohagaregularmente pero eso no siempre es así, hay ocasiones en que pormás dinero que se tenga se tienen que hacer las cosas y estas hanido creciendo en proporción directa al ingreso familiar, se va lamuchacha y entonces te pones a llorar, "el servicio es la alegria del hogar".

Segun la OIT la mujer casada que trabaja fuera de casa padece unexcesodefatigaquenosóloafectasusalud,sinoqueafectasu

---

[147] Citado por Ana María López, op. cit.P.20

rendimiento en el trabajo y constituye un ataque a su vida personal. El hombre de la casa no le ayuda en nada, pocas faenas auxiliaresson realizadas por el marido, pero en las pocas y ocasionales quelosmaridosrealizansientenlaliberaciondelhogaryaqueno pueden soportar la mirada de su mujer que lo recrimina por estarleyendo el periodico, fumando y sentado mientras ella friega sindescanso y se hace polvo sus delicadas manos.

Estas mujeres que trabajan fuera de sus hogares en todo el mundorepresentanmasdelatercerapartedelapoblacioneconomicamente activa[148], es necesario defenderlas, se deben tomar medidasanivelmundialquepermitanasegurar laigualdadde posibilidades en el trabajo y el reparto de las responsabilidadesfamiliares. Pero esto es dificil obtenerlo, por muchas campañaslegislativas que se lleven a cabo, **las cosas son como son** desdehace mucho tiempo y dificilmente cambiarán por decreto.

Seaducequeelvarónnopuedeescoger,queestáobligadoa trabajar para sustentar a los suyos desde siempre, por eso cuando la esposa vuelve a la casa del trabajo debe enfrentarse con todo eltrabajo del hogar.Pero hay algo mas, si por el hombre fuera, lamayoría de los trabajos del hogar se suprimirían, se simplificaría la decoración, todo sería mas austero y sencillamente descuidado, por eso la mujer seafana tanto pues si no la casasería un desastre.

Es necesario también un **cambio de mentalidad** femenina habríadeabandonarsucuidadodclascosasydelosdetalles,debería darle igual que el polvo cubriera los muebles e incluso que nohubiera sino las sillas y la cama, lo mas indispensable; debierahaceroidossordosynoverlosanunciosquepresentanpisos relucientes gracias a los nuevos productos para presumir un pisobrillante frente a las visitas pero que la hacen trabajar mas, y hastaprescindiríadelacocinaquelahacetrabajartresocuatrohoras

---

[148] En México es exactamente la tercera parte pues la población femenina económicamente activa esta constituída por el 33.28% del total (1996)

extras al día, comer en restaurante y bocadillos y al que no le guste que se meta a la cocina y guise y friegue hasta reventar.[149]

Se deben hacer a un lado los escrúpulos y si el hombre recrimina el abandono del hogar ella debe hacer lo mismo ya que sus derechosson iguales a sus obligaciones con el hombre como los de este para con ella.

En Méxicolas mujeres que trabajaban fuera de casa o sea lasconsideradaseconómicamenteactivasrepresentabanen 1979el 21.48 %para 1996 está cifra se había incrementado al 33.28 %,con una población total de 100'294,036 habitantes, (1999)

Económicamente activas4'862,98021.48 %

Económicamente "inactivas"17'779,75878.52 %
De ellas ocupadas en el "hogar"13'080,143
57.76%[150]Cercadel19%deloshombrestrabajanporsucuentaperosólo menos del 7% de las mujeres lo hace.

El 85 % de las mujeres que trabajan fuera de la casa son empleadas u obreras pero sólo el 58 % de los hombres se clasifica dentro deesta categoría.[151]
Paraelaño2007lapoblacióndeMéxicoesde105'790,700habitantes [152]de este total44.1 millones constituyen la poblacióneconómicamente activa, representando las mujeres el 42 por ciento de la PEA, es decir, alrededor de 18millones

Por otra parte estando a menudo poco calificadas son las primerasvíctimas de la automatización de los empleos en esta época de larobótica que estamos viviendo. Y se da una gran inequidad enrelaciónalossalariosquerecibenlasmujeresrespectoaloshombres en ocupaciones iguales.

---

[149] Ibidem p. 20

[150] Secretaría de Programación y Presupuesto. Coordinación del Sistema Nacional de Información.Encuesta Continua sobre Ocupación Serie I Vol. 7 Primer Trimestre de 1979, enEstadística sobre la mujerinventarioAPP, Méxicop. 191

[151] S. Sarmiento op. Cit. P. 8-A

[152] INEGI

Existe además una **marginalización** de las mujeres que no hanjamás trabajado fuera de sus hogares, dado que hay dos esferascomodecíamos:aquellasprivadaspropiasdeellasyaquellaspúblicasdondeel trabajoylasactividadespolíticasestán reservadas asus maridos[153]

Cuando en las pantallas de la television francesa aparece un cuerpo humano que tiene en la mano derecha una brocha para realizar unatarea de las llamadas de "brocha gorda", le falta a ese cuerpo lacabeza comosifuera unrompecabezas, se le coloca primero unademujerycomoquenoencajaenlaimagen,luegoselecoloca una de hombre que queda aparentemente perfecta, sólo porque lagenteestáacostumbradaaquelapinturadebrochagordalarealizan los hombres, sin embargo es un oficio que pueden realizarperfectamentelasmujeres.LaSeñoraNicolePasquierSecretaria de Estado Encargada del Empleo Femenino en Francia en 1979ordenósetransmitieraesteanuncioenlasestacionesdelatelevisión francesa para demostrar la predisposición mental de lagentequeimpidequelasmujerespuedanrealizartareasquepueden efectuar con tanta perfeccióncomo los hombres.

Tenemosquésiunalbañilcolocaladrillosenunacasaesconsiderado una persona económicamente activa, pero una mujerque acarrea las bolsas de comestibles del mercado con un pesomayor, está haciendo sólo un trabajo doméstico.

Esta**segregaciónocupacional"femenina"**sedaenaquellosempleos en los que las mujeres constituyen una proporción mayorde la fuerza de trabajo total. Sobre la base de lo que ocurre en losdemás paísespodemos suponer sin temor a equivocarnos que el 95
% de las secretarias, el 99 % de las enfermeras y el 99 % de lasoperadorasdeteléfonossonmujeres,dandoporresultadounasegregaciónhorizon taldadoquelasmujeresseagrupanen"trabajos de mujeres" descalificados y mal remunerados y en losrangos más bajos de salario y puestos directivos.

---

[153] "Oui, les femmes s'interesent a la politique"en Marie France, Avril 1981 No. 302 pp.72-81

Ante la descalificación real del trabajo femenino es necesario nohacer distinciones entre el trabajo del hombre y el de la mujer yolvidarelconceptode"trabajofamiliar"quejustificaelpago menor a las mujeres, considerándolo complemento del del hombre, adoptando condiciones de igualdad, pues son muchas las mujeresque por sí mismas sostienen el hogar: solteras, esposas de maridosdesobligados, divorciadas, separadas,viudas omadres solteras.

Las mujeres por su misma condición es el género mas afectado por la crisis y el desempleo. Representan aproximadamente el 22 % dela población económicamente activa. En comparación en Francialas mujeres conforman el 40 % de la población económicamenteactiva. La participación femenina en la vida económica ha ido enconstante aumento a pesar de todas las restricciones que le imponeelmercadodetrabajo,cadaañoesmayorelnúmerodemujeres que busca su primer empleo debido a una mayor preparación y amayores necesidades económicas familiares. Aun en el caso de sercasadas desertan cada vez mas y mas del "ejército de reserva" enbúsqueda de la autonomía que da el trabajo.

En el caso de las casadas, la tentación de tener un tercer hijo, siacaso existe, será reprimida para asegurar el empleo y lograr unaestabilidad económica[154]

En cuanto a la selección de una determinada clase de empleo, laejercencasisiemprelasmujeresdentrodelconjuntodeocupaciones y oficios tradicionalmente femeninos. El 67 % de lasmujereseconómicamenteactivaslaboranenserviciosquedemanera tradicional se han considerado "propios de su sexo" comosecretarias o enfermeras.

Estefenómenoquedaclaramenteilustradosiseanalizala matrículaenlicenciaturaporejemploduranteelaño2000lamayoríadelasmujeresopt aronporlascienciassocialesyadministrativas(443,255mujeresysólo345,917homb res)[155]Enel

---

[154] Lena Lavinas El trabajo da autonomia a la mujer, Le Monde, citado en Excelsior Octubre 4, 1979 p. 21

[155] Fuente ANUIES datos publicados en www.inegi.gob.mx

área de ciencias de la salud hubo asimismo mayoria de mujeres86,040encomparacióncon56,627hombresyeneláreadeeducaciónyhuman idades42,987mujeresencomparacióncon 23,086 hombres, Sin embargo en el área de ingenieria y tecnologíapredominanloshombres363,921y150,542mujeresenlasciencias naturales y exactas 15,112 mujeres y 17,586 hombres y no se diga las ciencias agropecuarias donde sólo se matricularon entodo el país 10,371 mujeres contra 29,964 hombres.[156]

Menos calificadas que los hombres, relegadas a las tareas queaquellos se rehusan a cumplir, con salarios inferiores, en realidadpocos caminos para avanzar les están realmente abiertos. A losgobiernos corresponde hacer esfuerzos para orientar a su población femenina hacia formaciones mejor adaptadas a la coyuntura actual. Esnecesariaunacampañaparaladiversificacióndelempleofemenino,en los medios de comunicación masiva.

Cuando una joven quiere trabajar encualquier cosa, no hay dudadequepuedehacerlo,escuestióndeaptitudfísica,decompetencia, misma que se puede adquirir y, que la sociedad sedespoje de atavismos, si bien hay por ahi uno que otro machoirreductible.

En todos estos últimos años la mayoría de los **desempleados** sonmujeres, porque es a la mujer a la que mas lc afccta el desempleo y el subempleo. En los países latinoamericanos las mujeres se hanconvertido en las mayores víctimas del desempleo con una tasa del 14 % en comparación con el 9 % de los hombres[157].

Es pues indispensable la valorización y diversificación del trabajofemenino. El mercado de trabajo ha sido afectado por la recesióneconómica y por los jóvenes que año con año inciden en el mismodemandannuevosempleos,empleosquenosoncreadosennúmero suficiente para la demanda de los mismos; los reajustes depersonalsemultiplican,perolacrisiscontribuyeaquesesuperen

---

[156] Ibidem

[157] Centro de Información de las Naciones Unidas para México, Cubay República Dominicana

lostabúes,loshombresporejemplonotitubeanenaceptarempleos tradicionalmente reservados a las mujeres y en ese sentido devienen competidores de ellas.

Es necesario abrir los "guetos" en que han sido encerradas lasmujeres, si no se corre el riesgo de desvalorizar -como ha ocurridomuchasveces-lasprofesionesquetradicionalmentehanestado reservadas a las mujeresIncluso en épocas de crisis a las mujeresse las ha catalogado como "ladronas de empleo" y dada su menorpreparación y su menor movilidad geográfica y profesional debidoaloshijos,aunadoalasdificultadeseconómicasactualeshan contribuído a revivir la ideología de "la mujer a la casa" lo cual nocontribuye precisamente al proceso de igualdad de oportunidades

Siempre militaré y abogaré por el trabajo de las mujeres.

SegúncifrasdelaUNESCOentre1950y1975lamanodeobra femenina en el mundo pasó de 231 a 576 millones llegando en elaño2000a880millonesdemujeresquecuentanconunempleo remunerado.EnelProyectodePlanaPlazoMedio1984-1989[158] seindicaquelasmujeresconstituyen**enépocasdecrisis**las primerasvíctimasdel desempleodebidoasuinferior preparación[159] Elporcentajedemujeresdesempleadasvadeun52aun75% perolasmujeressóloconstituyenun35oun40%delapoblación económicamente activa[160]

Lasperspectivasenmateriadeempleofemeninosonpocoalentadorasdebidoalaevol ucióntecnológica,robótica, burocrática e informática sobre todo en los sectores en los que lamanodeobrahasidohastaelmomentoprioritariaymasbarata queladelhombre.DicelaUNESCOqueaunquelasmujeres

---

[158] UNESCO

[159] Humberto Musacchio "Lasmujeres por su condición, son las primeras víctimas en épocas de crisis" Unomas Uno27de Noviembre de 1982 p. 19

[160] Isabel Custodio "Limitación de los papeles femeninos. La operación patriarcal sobre la mujer" en Excelsior Septiembre 28, 1983, p. 7.

representanel50%delapoblaciónadultadelmundoyuntercio de la fuerza de trabajo oficial, realizan casi las dos terceras partesdel total de horas de trabajo, reciben sólo una décima parte delingresomundialyposeenmenosdelunoporcientodelapropiedad mundial.[161]

A esto debe agregarse que gran parte del trabajo de las mujeres noes reconocido y no justifica por consiguiente ni remuneración, niconsideración, ni los derechos que en general están vinculados altrabajo,peseaqueestáampliamenteprobadoqueesetrabajoinvisible desempeña un papel indispensable hasta ahora para elfuncionamiento de las economías, ya se trate de tareas domésticas,de la producción en el hogar o de contribución a la explotaciónagrícolafamiliar.Dehechoel**sectoragrícola**eslaactividaddonde se emplea un mayor número de mujeres. Y asimismo esdonde se localiza el mayor número de mujeres analfabetas.

Aunmás,eltrabajoremuneradodelasmujeresseconsiderainnecesario considerando que es un trabajo que complementa elingreso de la familia, pensándose que el sueldo de la mujer permite elevar el nivel de vida familiar o para adquirir ciertos lujos. Dehecho para que la mujer pueda adquirir verdadera igualdad sólopuede hacerlo por medio del trabajo pero bajo la premisa de que aigual trabajo igualsalario.

La situación de la mujer asimismo tiende a agravarse debido a quelaescolaridaddelamujerenpromedioesinferioraladelhombre.[162]Lasmujeresrep resentandosterciosdelosadultosanalfabetas delmundo[163]

---

[161] Ibidem Cfr. El Secretario General de la ONU en el Informe de la Conferencia de la Mujer en

Copenhague en 1980 dijo "Las mujeres aunque representan el 50 % de la población adulta del mundo y un tercio de la fuerza

de trabajo oficial realizan casi las dos terceras partes del total de horas de trabajo,

reciben sólo una décima parte del ingresomundial y poseen menos del uno por ciento de la propiedad"

[162] Según datos de 1978 de cada 100 mujeres en México 33 eran amas de casa, 34 estudiantesy sólo las 28 restantes obreras,

empleadas olo que es mas raro ejecutivasEsemismo año el desempleo entre ellas

Vemos que en México, la escolaridad promedio de la poblaciónmayor de15añosenelcasodelasmujereshasidoen1990del6.3
%, en 1995 de 7.0 % y en el 2000 de 7.1 % y en el caso de loshombres de 6.9% pasóa 7.5 % y a 7.6 % en el 2000[164]

En un país de jóvenes como Méxicodonde alrededor del 70 % desus habitantes tiene menos de 29 años y la mitad son mujeres, en el cuál la mayor parte de las mujeres que trabajan son solteras, viudas o divorciadas y conforman una minoría las mujeres casadas quetrabajan.

Si bien para los jóvenes conseguir trabajo en esta **época de crisis**resulta una hazaña, para las mujeres es aun más difícil, ni siquierael hecho de que algunas mujeres sean profesionistas ha servido denada y la discriminación es notoria en cuanto a remuneración, y no esquelasmujeresdeliberadamentebusquenmenoressalarios,simplemente toman lo que encuentran.

Si se hace un análisis de la escala de pagos de **salarios** los hombres dominan la mitadsuperior de la escala y lasmujeres se ubican enla escala inferior[165]En todos los países el sueldo de las mujeres esmenor que el de los hombres en trabajos similares(en promedio es de 30a 40 % menor)[166]

Así se habla de **trabajos femeninos y masculinos**, pues al hablarde los segundos invariablemente se piensa que en esos trabajos seinvolucraelcuidadodemáquinasyotrosobjetosinanimados,mientras que los trabajos denominados femeninos involucran elcuidadodegenteoeltratoconpersonas.Entrelosargumentos

---

alcanzaba el 56 % y de éstas cesantes el 81 % eran jóvenes. E. R. Gutiérrez "El machismoy los Negocios" Unomas Uno18de Octubrede 1982 p. 22

[163] Centro de Información de las Naciones Unidas para México, Cuba y República Dominicana.http://www.unam.mx/cinu/mujer/m2.htm

[164] INEGI XII Censo Generalde Población y Vivienda 2000, datos publicados en www.inegi.gob.mx

[165] Claire Safran "Equal pay for comparable work" en Redbook Rev. Nov. 1981 pp-78, 153, p. 153Cfr.Vid http://dgcnesyp.inegi.gob.mx/cgi-win/sisesim.exe/ConsultarCuadros referentes a la Discriminación salarial de la mano de obra Promedio de ingreso de la población ocupada, del Sistema de Indicadores para elseguimiento de la situación de lamujeren Mexico.

[166] Centro de Información de las Naciones Unidas para México, Cubay República Dominicana

usados para pagarles más a los hombres está el que los hombresrequierenmásdineroporqueellostienenquesostenerasusfamilias, pero estoen esta época yaresulta unsofisma[167]

Pero no culpemos a los hombres de hoy día, esta desigualdad eshistoria antigua, en la Biblia, en el Levítico 27 parágrafo 1-7 hayuna discusión sobre el valor de mercado del trabajo individual enlos tiempos bíblicos eran 30 shekels o siclos[168]por un trabajo bienhecho de una mujer y 50 shekels por el trabajo bien hecho de unhombre, lo que sería en nuestros días que por cada peso que ganara un hombre lamujer sólo ganaría .60centavos.[169]

La mujer ha estado pues sometida, explotada desde el comienzo de lostiempos,la**represióndelasmujeres**siemprehaexistidodesde la época de la agricultura con arado y azadón, la época de lacaza y la recolección como los principales modos de producciónhasta las sociedades contemporáneas que están edificadas sobre labase de los mismos imperativos de la sociedad patriarcal original:expansiónpermanente,acumulaciónsinfin,competenciaencarnizada, conquista de nuevos mercados, la globalización quereemplaza a la expansión territorial, pero los valores dominantessiguen siendo los mismos, se sigue limitando a las mujeresa laslabores denominadas "femeninas". El hombre por su parte "es unapersonalidad dividida. Por una parte cree en la importancia de serviolento y duro; por otra parte se considera a sí mismo como unabarca débil y desvalida, pero un tanto divertida en el oceano de lavida.Sientegranadmiraciónporloquepodríamosllamar

---

[167] Sofisma: razón aparente, argumento falaz

[168] Moneda hebrea un siclo valía 20 geras

[169] Biblia Levítico 27 "Habló Jehová a Moisés diciendo: habla a los hijos de Israel y diles: cuando algunohiciere especial voto a Jehová,según la estimación de las personas que se hayan de redimirlo estimarás así: (parágrafo)3En cuantoalvarón de veinteañoshastasesentaloestimarás en cincuentasiclos deplata,segun el siclo del santuario (parágrafo) 4 Y si fuere mujer la estimarás en treinta siclos (parágrafo) 5 Y sifuere secincoañoshastaveinteelvarónloestimarás enveintesiclosy alamujeren diezsiclos(parágrafo) 6 Y si fuere de un mes hasta cinco años entonces estimarás el valor del varón en cinco siclos de plata y a lamujeren tres siclos de plata, (parágrafo) 7mas si fuere de sesenta años omásal varón lo estimarás en quince siclos y alamujer en diez siclos"

"heroísmopecuniario":lafuerzayelvalornecesariosparasobreponerse   a lasdificultades económicas".

Se evidencía una mayor vulnerabilidad de las mujeres en el mundo del trabajo.Las mujeres seguimosenfrentando dificultades paraparticipar en el mercado laboral y particularmente para encontrarempleos decentes y productivos, aunado a la brecha salarial entrehombresymujeres,aldesempleosignificativoyalacrisismundial.

Debemos enfatizar el hecho de quela mujer ha sido relegadaadesempeñar un papel secundario en la actividad económica y estáenabiertadesventajafrentealoshombres,lamanodeobrafemenina se destina a tareas menores dentro de la producción debienes y generalmente se le encauza hacia los servicios o hacialabores que de una u otra forma resultan una prolongación delquehacer doméstico.

LA MUJER Y EL DINERO

Nuestraeducaciónestrechaysexistaevitaquereflexionemoslargamentesobreunte maalquenoledamosladebida

importancia:eldinero."Heobservadoquelarelacióndelasmujeres con aquel vital elemento es oscura, solapada, negadora.Como si nunca terminara de asumirse. Si hoy yo quisiese cambiarmividaradicalmentenotendríalamásmínimaposibilidadde llevarloacabo.Perosituvieselosmedios¡quélibertadmeotorgaria!"[170]Una reflexión que debemos hacer es que cuanto masdinero tenemosmenos perturbador parece ser el envejecimiento.

La**independenciaeconómica**esparteindispensabledela liberacióndelamujer.Noesposibleconcebirunamujerdependiente en lo económico y libre a la vez.

La mujer se encuentra sometida tanto por la actitud patriarcal como por la reclusión en el universo doméstico, pero preguntémonos sibien el hombre ha sido entrenado para llevar dinero a la casa, paraser el proveedor y eso le permite mandar y ser el dueño, a la mujeren cambio recluida entre esas cuatro paredes le es difícil obtenerdinero

Generalmente la mujer se niega a conocer aspectos económicos,está llena de pudor hacia esas cuestiones económicas, se incomodaalhablardedinero,aunquesetratedesupropiosalario,sedesconcierta ante las grandes sumas, muy pocas confiesan que lesgusta el tener dinero, el poder que otorga o que quieren ser ricas[171]

---

[170] Serrano, MarcelaNuestra Señora de la Soledad , Mexico, Alfaguara, 1999, 247 pp., p.224

[171] Cfr. VidPatricia Morales "Lamujer ante el dinero" Unomas Uno 18 Octubre 1982 p. 18

Ya que hablamos de dinero, del aherrojamiento económico sufridoporlasmujeres,hablemosdela**pobrezadelasmujeres**yoigamos la ira querepresenta la pobreza:

"En mi jardín un arbolito de dinero crece florece yflorece, pero nada me pertenece podo, rastrillo y riego
paraqueelárbolmantengasubellezay todas las vecinas envidian mi riqueza
Pero todos los dólares que en el árbol crecen Son de Norm el Doctor

Ninguno me pertenece"[172]

Considerandoqueel**podereconómico**eselsoloverdaderopoder[173]en esta sociedad capitalista y metalizada en la que nos hatocado vivir, volvamos nuevamente con MarilynFrench[174]

"¿Qué había ocurrido para que él tuviera todo el poder?… sintióque no podía luchar con él, no le daría el dinero a Samantha sin supermiso. Pero si no lo hacía significaría el fin de algo. Le habíapermitido que marginara a sus amigos de la vida de ambos y eso lahabía reducido, pero si le permitía que ahora se saliera con la suyaquedaría definitivamente desarraigada"

Igualmente Virginia Woolf se preguntaba "¿Por quélas mujeresnotienen**dinero**?¿Acasonohantrabajadotantocomoloshombres a lo largo de los tiempos, trabajado en la viña y en lacocina,enelcampoyenlacasa?¿Porquéloshombressequedaroncontodaslaslibras ypeniques?¿Porquélasmujeresni

---

[172] Citado por Marilyn French Mujeres p. 168

[173] "Oui les femmes s'interessent à la politique" p. 72

[174] M. French op. Cit. P 200

siquiera tienen una habitaciónpropia cuandotodocaballero tenía su estudio?"[175]

Salvo algunas excepciones constituídas por aquellas que recibenalguna herencia y que pueden disponer de algún dinero, hasta elfuturoestáplanificado,elhombrehainventadoelfideicomiso fiduciario para poder seguir mandando aun después de muerto yque su santa voluntad se siga ejerciendo a través de un banco porconsiderar a la esposa débil mental o incapaz del manejo adecuadode sus bienes, hasta ahi llega el machismo, hasta el mangoneodesde la tumba.

Salvoalgunasexcepcionesafirmoquelacasitotalidaddelasmujeres casadas que han llegado a la edad madura son mas pobresque las ratas.

---

[175] Citado por Ibidem p. 78

EL MACHISMO

En un mundo donde el hombre se considera superior a la mujer, seda el supuesto, silencioso y subyacente, de que los hombres sonlos que importan y las mujeres por tanto sólo existen en relacióncon ellos, se nos presenta"el mundo del hombre como un mundogobernado por la fuerza bruta, la apatía, la arrogancia, el prestigioilusorio"[176]asi en nuestras sociedades patriarcales el padre es elsímbolo del poder. "El falo –nos dice Samuel Ramos[177]- sugiere al'pelado' la idea del poder. De aqui ha derivado un concepto muyempobrecido del hombre, como él es en efecto un ser sin contenido sustancial trata de llenar su vacío con el único valor que está a sualcance: eldelmacho".

"Esteconceptopopulardelhombresehaconvertidoenunprejuiciofunestoparatodo mexicano".ContinuadiciéndonosSamuelRamos[178]"Laterminologíadel'pelado'ab undaen alusionessexualesquerevelanunaobsesiónfálicanacidapara considerar el órgano sexual como símbolo de la fuerza masculina". Yadesdeelmomentodelabodasedeseaqueloshijossean hombres en Italia lo normal es desear "Carissima, tanti auguri efigli maschi" nadade tener hijasmujeres.

Tradicionalmenteelmachismohasidoconsideradounaactitud cultural,sociológicaysicológica,estaideamachistadelasuperioridadmasculinalaen contramosenNietzche[179]quien afirmaba "El hombre debe ser educado para la guerra y la mujerpara solaz del guerrero. Todo lo demás son tonterias", le diría yocomoelindito:Nomeayudescompadre,puesnoconformecon esa afirmación la remacha "Todo en la mujer es un enigma y todoenlamujertieneunasolasoluciónelembarazo"[180]Menosmalque

---

[176] Cfr. Ibidem p. 207 y John Fowles, El Mago, citado por GJ Scrimgeour, Unamujer de su tiempo, p. 7

[177] Samuel Ramos El perfil del hombre…p. 55

[178] Ibidem p. 54

[179] Federico Nietzche, Asi hablaba Zaratustra, Editores Mexicanos Unidos, 8a. ed., México 1983,282 pp.,

p. 64

[180] Ibidem p. 64

reconocequelasmujeressonparaélunenigma,¿habráhabido
otrohombremáscerradodeentendederas?Otroshombresque
parecensumamenteprogresistas,sumamenteavanzadosensusexpresionespúblicas
sontotalmentetradicionalistaspuertasadentro de sus casas[181]
Durante tres años impartí dos materias en la Universidad por lasque me
pagaban un sueldo verdaderamentesimbólico, pero tuveel mal sentido de
embarazarme ¡Oh!Me manda llamar el directorde la escuela y me dice que
como estoy embarazada ya no puedoseguir impartiendo las clases, como si el
embarazole afectara auno el cerebro. O bien, cuando se da el caso de un
cambio detrabajo en que el hombre tiene que trasladarse a otra ciudad, ellosno
preguntan si quieres ir, dan por sentado que lo harás, nuncapiensan en nuestras
necesidades, ni en nuestra vida o en nuestrosdeseos, simplemente nos
desarraigan.
Es pues una batalla de los sexos que se manifiesta mas bien comoobstrucción
que como conflicto, sobre todo en las observacionesdesagradables respecto del
otro sexo[182]
Desde otro punto de vista la elevación del status de la mujer suelemanifestarse
como reflejo de la movilidad social masculina, ya que se considera de "su
propiedad";   él   dice   "mi   mujer"
(propiedad)cuandoprospera,adornayexhibealaesposa,dándosecomosupuesto
que los hombres son los que importan y que las mujeressólo existen en relación
conellos.

---

[181] Armando de Miguel El mito de la igualdad p. 182, cita al sociólogo Juan F. Marsal

[182] Joseph H. Fichter Sociología p. 243

AHERROJAMIENTO ECONOMICO DE LA MUJER

La **independenciaeconómica** esparteindispensabledela liberacióndelamujer,Noesposibleconcebiraunamujerdependienteenloeconómico ylibrealavez.Nuestrasociedad sóloreconoceydignificaconplenosprivilegioslasrelaciones coercitivas,simbióticas,determinadaseconómicamente.La relaciónaprobada–matrimonio-eslaqueimplicalegalidad,seguridad y permanencia[183]

Lasmujeresdebenserautosuficientesparaevitarcualquierdependencia y demás tipos de simbiosis[184]

Simplementelaamenazadereducirocortarlaprestación económica[185]es suficiente para mantener atadas a las esposas queno trabajan fueradel hogar

La independencia económicasepierdecuando derepenteseda uno cuenta de que hay un contrato en marcha: "Tu cuidarás de mien el mundo y yo cuidaré de ti en la casa"[186] de repente pensamosen"sufuturo"comoen"nuestrofuturo"y"mifuturo"yaha quedado fuera delpanorama

---

[183] G, Greer op. Cit. Pp. 17-18

[184] FAE Crew Sex determination Londres 1954 p. 54Citadopor G. Greer op. Cit. P. 17 (vid supra p. 20)

[185] Cfr. C. Dowling, El complejo de Cenicienta p. 155

[186] Ibidem p. 208

INFERIORIDAD

Sehandestacadomuchasdelascaracterísticasfemeninas,seafirma que las mujeres somos fiables y fuertes mientras la carga essoportable pero prestas a caer o desmayarnos cuando la carga sevuelve excesiva en demasía. Nada más fuera de la realidad, puespor lo general las mujeres pretendemos tener a todo el mundocontentoanuestroalrededorsintiéndonosparaellocapacesde soportarsobrenosotrasmismaslasmayoresactividadesyesfuerzos diarios hasta lamedida de nuestras fuerzas.

Las jornadas de la mujer corren asimismo a través de "conexioneshumanasdeotros:padres-amantes,esposos-hijos,ycuandolas mujeres hablan es de 'antes o después' de los bebés o 'después deldivorcio'"[187]

Durante siglos las mujeres han estado bajo el yugo patriarcal de las costumbres, la iglesia, las distintas filosofías masculinas siempre se lashaconcebidocomoprocreadoras,esposas,productorasdebienes, pero nunca como seres pensantes, libres y creadores.

Asi Rosario Castellanos[188]dice como Sor Juana se enfrentó a unarealidadaterradora:"lamujernoesigualqueelhombre,esinferior, por lo tanto no tiene la misma capacidad para pensar ymucho menos para crear el mundo de la cultura que le está vedado, y para Rosario Castellanos, la mujer no vive la vida, la padece,mientraselhombreselanza,ellaconocelarutina,losoficios pequeños, la renuncia."

Si para el hombre el amor no suele ser sino el momento en que seenamora,paralamujerelamoresentregaabsoluta,permanencia, la selección de un modo de vida durable hasta la muerte. Para elhombre el matrimonio no es un fin —como lo es para la mujer- elhombre tiene como objetivo en la vida realizarse a símismo,lograr

---

[187] Gail Sheehy Passages p. 167

[188] Citado por Patricia Rosales "Elena Poniatowska recuerda a tres literatas mexicanas" en Excelsior 2 de Agosto de 1984

lo que se propone. La mujer permanece en los patios interiores,cuandoes jovense sienta a esperar el arribodel príncipe, cuandoes vieja aguarda a que le den la órden de que se retire". ParaRosarioCastellanossuexperienciaradicabaen"la**soledadindividual**yaquemu yprontodescubrióqueenlamismacondiciónseencontrabantodaslasotrasmujeresqu econocía: sola-soltera,sola-casada,sola-madre,enfinsola,sola"Estasoledad de las mujeres se debe en gran parte a la triste futilidad desus vidas.

En este mismo órden de ideas, Tomás de Aquino[189]le endosa a lamujer una **inferioridad** triple:

. La biogenética, porque fue creada de la costilla del hombre

. La funcional, porque la procreación sólo representa una ayudapasiva (!!!!)

. La calificativa, porque no puede competir con el intelecto delhombre (!!!!!!!)
Yo creo que a este pobre le dolería hasta el apellido y después deparir un hijo me diría "Ya Aqui-no" por aquello de la pasividad enlaprocreación,yoloretaríaaquetuvieraunhijocontodaslasde la ley, en cuanto a lo de la costilla, pensar en ello contradice miraciocinio, ni siquiera sufriria una crisis de fe, de aceptación de una creencia delo absurdo.

Atravésdetodaestahistoriapatriarcallasmujereshanestado comoenhibernacióndelaidentidad,loquehaestadopasandonos debe hacer sentir, nos debe hacer pensar y actuar en consecuencia.Curiosamentelasmujeresactuamosendefensaunasdeotras cuandoalgunadenosotrastienealgúnproblema,lasdemásacuden ensuayuda,lacubrencon"vendasdeamor"laayudanen pequeñascosashogareñasquenosonlasoluciónperoqueayudan. Sumémonosaaquellasqueconinteligenciasiempreacudenen ayuda de los demás, que siempre tienen tiempo para reir, imaginación para soñar y cerebro para decir la verdad.

LA MUJER Y LA EDAD (TEMPUS FUGIT)

La **identidad** de las mujeres está generalmente ligada al ser madre, pero cuando los hijos dejan el hogar se presenta el "síndrome delnido vacío" aquellas múltiples obligaciones que llenaban nuestrosdías de repente se han evaporado, asi, la mujer se ve despojada desus ocupaciones y obligaciones familiares que definían claramentesus funciónes dentro del hogar. La mujer no sabe qué esperarahoranecesitabuscarnuevosintereses¿Buscaruntrabajo?Pero ¿Cual fue su último trabajo? Aquel que ha venido desempeñandodurante los últimos 20 o 25 años: "Ama de casa"trabajo quedesempeñóconinteligenciaydedicación,dondelogrólaeducación de sus hijos, la administración de la casa y el progresodelmarido,fueasimismococinera,enfermera,chofer,laborestodas en las que se convirtió en experta.

Noobstantetodoelesfuerzoinvertido,todoslosañosdeentrega total no le dan derecho a una jubilación, ni siquiera aundiploma,carecedecurriculumparapodertrabajarfuera de las cuatro paredes de su casa. Todo el trabajo invertido,todaslashabilidadesadquiridasdurantetantosaños,todas ellas no sirven para nada, en vez de servirle ladescalifican.

En todo trabajo remunerado después de determinado número deaños puedes optar por la merecida jubilación, te has ganado elderecho a que el resto de tu vida te sea dada una pensión paraasegurartuvejez,noeselcasodelasmujeresquehanpermanecido encerradas entre las cuatro paredes de su hogar, van a seguir siendo tan pobres como una rata pues por lo general eldinero que ha logrado ahorrar la familia, no está a nombre de laesposa, sino del marido, el dueño y señor, dador de órdenes y reyde la casa.

---

[190] Fugit irreparabile tempus. Huye elirreparable tiempo, Virgilio Geórgicas III, 284

Comunmente esta "vida después de los hijos" no afecta igual a loshombres que llevan unas vidas mucho más completas. Lo que sedebe evitar es que una vez que ya se fueron los hijos, que yaadquirimos esa nueva libertad, no volvamos a involucrarnos encumplimentarlasnecesidadesdeloshijoscomoayudarlescon lavarles la ropa o estar al pendiente de sus casas, etc. No quieredecir que no nos sintamos responsables por ellos pero ya se hallegado el momento de quese valgan por ellos mismos.

Dentrodelmatrimonionuestraidentidadsedaalviviratravésde la vida de otra persona, se es para esa otra persona todo lo que ellanecesita lo mismo ayudante, madre, educadora, cocinera, etc. de tal forma que la mujer ha sido cargada de obligaciones que absorbentodas sus energías: el hogar, el marido, los hijos, de modo que sipor alguna razón reduce las horas de atención que normalmente les dedica y destina sus energías a otros intereses se siente culpable.

Nuestra actitud debiera cambiar, a través de tantos años hemosdado tanto que es justo que tantos desvelos y tanto trabajo nos sean retribuidosjustamente,noesjustoquesólonoscelebreneldíade la madre e incluso ese día nos regalen algún aparato dizque parafacilitar nuestra labor, pero que sólo significa que se espera denosotras que sigamos haciendo lo mismo, cierto que tontamente lohemos hecho rebozando de amor pero parece mentira que cuantomas grandes estamos, tanto los hijos como el marido hacen su vida fuera de casa y nadie se preocupa por aquella que se queda en casa"como siempre", nos hemos vuelto como aquel mueble que mucho sequierequesiempreestáenelmismolugaryalquesóloextrañaremos cuando deje de estar ahi. Cuando pienso en estascosassiemprerecuerdola"Lisistrata"deAristófanesysueñocon la huelga.

A medida que van pasando los años nuestros padres también vanteniendomásañosycadavezvanteniendomásenfermedades,nos encontramos con que la mortalidad está presente. Creo que estaetapa es una etapa de redefiniciones, de independencia, del yo, deseguir siendo productivas durante los próximos años, de felicidady calidad de vida. Se ha llegado el momento de las realizacionesde desarrollar nuestras capacidades, de realizar anhelos, después de haber hechotantopor todoseselmomentode hacer algopornosotras mismas

Enestaetapanodebemospermitirquepresionadasporlasnecesidades   de   la generación más jóven y las de la más vieja acausa dela persistente expectativa de que las mujeres somos lasresponsables del bienestar de todos los miembros de la familiapodemos perder nuevas oportunidades por la carga de cuidar a losotros[192]Durantetodoslosañosdejuventudfuimosperdiendooportunidades   por cuidar   al   esposo,   a   los   hijos,   haciendo   a   un ladonuestraprofesiónenarasdelaarmoniafamiliarenestanueva etapa hay que valorar lo que es importante para nosotras en la vida, hay que enfrentarnos a nuevos retos, buscar retos intelectuales yseguridad económica paranuestra vejez.

Con todos los adelantos médicos nos espera "una larga segundamediana edad"[191]Posiblemente   tengamos   que   cambiare inclusoreinventarnosanosotrasmismas[192]Irremediablementeahoraseespera   de nosotras que seamosno sólo las cuidadoras de nuestroshijos, sino también la cuidadoras de nuestros padres que ahoraviven más tiempo debido a todos los adelantos   de   la   ciencia. Esimportantequelogremosquenuestrasvidasseangratificantes, debemosescaparalaaridezquepuedepresentarseenlavida diaria, enfrentando los retos y lo que se exige de nosotras conoptimismo El catalizador para una vejez tranquila es la cantidad de dinero conel que se cuenta.

---

[191] C. Dowling Vivir los cincuentap.38

[192] Ibidem p. 39

El llegar a la mediana edad tiene sus compensaciones, ya se haacabado eso de llevar y traer a los hijos, el acarrear cantidadesenormes de alimentos, el recoger el enorme desorden de los hijospequeños,insufriblementedependientes,hemosalcanzadola libertad,alfinhallegadoelmomentodeampliarnuestroshorizontes, acabar con las presiones de otros; tenemos enfrente unnuevoreto,nuevasperspectivas,muchoqueaprender,paradisfrutar, para nuestra propia satisfacción, es la hora de hacer todoaquello que hemos deseado y anhelado, no permitamos que otrosnosbloqueenconsusmentesestrechas,busquemosampliarnuestros horizontes y enriquecernos a nosotras mismas, inclusocorrerriesgos, olvidarse de las limitaciones convencionales conuna renovada vitalidad, olvidándonos de que el "ser madre" eranuestra identidad,no es que no nos sintamos responsables pornuestroshijos,esonuncadejaremosdesentirloperoahoradebemos superar el "sindrome del nido vacío" y disfrutar de unavidaconhorizontesmásampliosyricos,yanotenemoslaspresiones de los hijos, ya no dependemos del estímulo que nosproporcionaban las actividades ajenas, ahora debemos encontrarotras actividades que llenennuestros días..

Me cae gordísimoeso que te dicende"échale ganas", pero enciertaformatienenrazón,loquesícreoesquelasmujeresanteponemosanuestrafam iliaanosotrasmismas,enestome refiero no sólo al esposo y los hijos o padres, y no vemos pornosotras, tenemos que seregoistas, nos tenemos que querer enesta tercera época de nuestras vidas, cuando empiezan los achaques yya no tenemos las mismas fuerzas que teníamos antes, la ley dela vida es que los hijos se alejen y hagan sus propias vidas, ynosotras seguimos como si nada viendo por todos aunque esténlejos y apoyando, debemos aprender a decir No cuando sintamosque no tenemos los ánimos o las fuerzas o bien aprender a pedirayuda a los demás para que nos apoyen cuando lo necesitemos,buenoenrealidad**loquetequierodeciresqueteconsientasun**

poco mas, que veas por tí pues los demás por mucho que tequieran no pueden hacer por tí loque tú no hagas porti.

Tiene uno que decidirse a decir No, y decirles a todos que esta esnuestraépocade(mi,mi,mi,yo,yo,yo)puesyaestamoscansadas de sacrificarnos por todos. La verdad es justo. Siendomujerunosepasalavidacuidando,protegiendo,ayudando,trabajando y haciendo; ya no quiero hacer nada que no tenga ganas de hacer. Si no ahora, ¿cuando? Manda a todos a volar -como dicela canción-todos debieran cooperar a tu bienestar, pues tú ya hashecho demasiado. Es tu turno y les hará mucho bien a todos.Es tuturno.

Como las personas ahora tienen vidas más largas y menos hijos, elabandono del hogar es la fase mas larga del ciclo familiar[193]Lospapás (nosotros) llegamos a esta época cansados del desgaste quesufrimos durante los años pasados, tenemos el pelo blanco –a pesar de Miss Clairol- y si no nos cuidamos podemos acabar volviendo a servir a los hijos o a cuidar a los nietos. Colette Dowling cita aMonica McGoldrick[194]y señala que las hijas "'cuidan de su esposo, desushijos,desusprogenitores,delosprogenitoresdesuesposo y de cualquier otro miembro de la familia enfermo o dependiente'díatrasdía,contrabajoosintrabajo,solterasocasadas'",convirtiéndose en las matriarcas.

Al envejecer pareciera que la mujer carece de valor,[195]la sociedaden que vivimos casi, casi nos cree incapacitadas, con una cegueraincreible se ponen topes de edad a las plazas de trabajo, esto afectanuestracapacidaddeganarnoslavidaahoraquesomoslibres,sin

---

[193] Ibidem p. 63

[194] Ibidem p. 66

[195] Ibidem p. 96 Cita a Simone de Beauvoir en El Segundo Sexo "Las mujeres que envejecen sondoblemente objetivizados, una vez por ser mujeres y otra por envejecer. Cuanto mas haya dependidonuestra autoestima de los halagos sobre nuestro aspecto, más probable es que nuestra confianza se vea erosionada a medida que se desvanecen la juventudy la belleza

embargo, es el momento de convertirnos en nosotras mismas hacer aquelloquesiemprehemosdeseado,disfrutaresospequeñosmomentos de ocio, disfrutar el apoyo afectivo de las amigas, es elmomento de valorar la profundidad y complejidad que guardamosennuestrointerior.Procuremosenestaetapatenermuchasamistades.

En Estados Unidos por ejemplo hay un rechazo serio a los viejos yno se diga hacia las mujeres que generalmente viven más años ytienen una menor escolaridad por tanto son menos "interesantes"queunhombremayorconunaprofesiónyunalargavidapor contar y no sólo la telenovela del día anterior, este rechazo se dacomo consecuencia de una cultura de juventud. Se recurrea lacirugía plástica, al colágeno o al botox, a fin de conservar esaperdida juventud, sin darse cuenta que con la vejez se cae todo, sevivesosteniendo la catástrofe.

Podersuperarelantagonismocontralaspersonasmaduras requerirá educación y compromiso en la misma forma en que se ha tenido que superar el racismo, dado que no existe una sociedad con ideales filiales como en el caso de países como Singapur o Méxicodonde los hijos cuidan de sus padres y los abuelos cuidan de losnietos.

SITUACION DE LAS MUJERES EN EL MUNDO

La historia de las mujeres es tanto la historia de su represión comola historia de su resistencia a esa represión y a su encierro en eltranscurso de los siglos. Cuando los ideales de emancipación delindividuo van ganando terreno culminan en los movimientos deliberación de lasmujeres

Las mujeres deben analizarla opresión a que están sometidas y deeste análisis podrán salir las prácticas, la estrategia, las prioridades, los aliados que se deben buscar. Esta revisión de valores deberechazar todas aquellas formas de organización que promueven laopresión.

Lasmujeresconstituyenlamitaddelapoblacióndelmundo, contribuyen con dos tercios de las horas de trabajo, reciben unadécima parte del ingreso mundial y poseen un uno por ciento de lapropiedad mundial[196]

Hay situaciones que actualmente se están dando en el mundo quesoninaceptablescomoloqueocurreenmuchospaísesmusulmanesdondelasmuje ressevenobligadasallevarla'burqua' (prenda que las tapa el cuerpo por completo) y llegando aser apaleadas y apedreadas en publico por no vestir el atuendoapropiado, incluso simplemente por no llevar lamalla cubriendolos ojos, donde también son forzadas a abandonar sus lugares detrabajo y recluirseen sus hogares..

Loshogaresdondevivaunamujerdebentenerlasventanaspintadas de modo que no puedan ser vistas por la gente de fuera.Deben llevar zapatos que no hagan ruido para que no puedan seroidas mientras caminan. Las mujeres vivenpresas del miedo aperder suvida por elmas mínimo'malcomportamiento'. Dadoque no pueden trabajar, aquellas que no tienen esposo o parientesestánabocadasamorirdehambreomendigarporlacalle,incluso

---

[196] Hendrix, Kathleen, "Fund: The business of aiding World's women" en Los Angeles Times Diario Agosto 29, 1984p. 1

aquellasqueposeeneltítulodeDoctoraenalgunacarrerauniversitaria. Esto ocurría en Afganistan bajo el régimen talibán[197]cuando la situación de las mujeres estaba en un Punto en el cual eltérmino 'violacion de los derechos humanos' se habíaconvertidoen un eufemismoCualquier persona tiene derecho a una existencia humanadigna,inclusolasmujeresquevivenenpaisesmusulmanes.

Enlospaísesmusulmaneslaformadepensarrespectoalasmujeres es demenosprecio por la individualidad y por la personaya que el Corán permite que un hombre tenga hasta cuatro mujeres, pero atempera este hecho mediante la condición casi imposible deque las quiera por igual[198]Teóricamente y de acuerdo al CódiceHadood, una mujer podía ser lapidada por adulterio en Pakistan[199]La ley islámica concede a la mujer el repudio o khula, siempre ycuandoéstaacepterenunciaraparteoalatotalidaddelaspropiedades que comparte con su marido de hecho no pueden serobligadasaseguircasadas,peropuedenserprivadasdesusustento.[200]

En muchos países musulmanes y en Africa por ejemplo enSudán, Mali y Somalia, se practica la excisión femenina o infabulación oablacióncomounrito,esunaoperaciónqueremuevequirúrgicamente los labios menores y las paredes internas de loslabiosmayores,suturalosdosextremosdelavulvayaducenque

---

[197] Con la guerra contra el fantasma del "terrorismo" iniciada a raiz de la destrucción de las torres gemelas en Nueva York y el ataque al Pentágono, fue derrocado el régimen Taliban del presidente fundamentalistaMohamed Omar en Afganistán. Seguramente serán las mujeres lasmás beneficiadas poresta guerra –sincuestionar que sea una guerra justa o no, esgrímase el pretexto que se quiera para iniciarla- serán pues lasmujeres, a pesar de la destrucción de su país y de las muchas muertes y desvastación que se ocasionen enaras de acabar con el terrorismo, -seguramente bajo un régimen de ocupación de fuerzas internacionales-quienes recuperarán algunos de sus derechos.

[198] Tehmina Durrani, Mi señor feudal, España,Muchnik Editores, 426 pp. (Testimonio, los narradores) p. 50

[199] Ibidem p. 71 mencionanuevamente a la Ley Hadood citando que el adulterio es una ofensa quese castiga con la lapidaciónen lapag. 426

[200] Ibidem p. 316

no les quitan nada que necesiten pero que quienes no se someten aesta operación de mutilación genital se convertirán en rameras.[201]

En India ocurren situaciones ignominiosaspor ejemplo se siguepracticando el "sati" que es la costumbre de quemarviva a laesposa al morir el marido y también a veces son quemadas por supropio marido o por los suegros al no recibir la dote prometida.Igualmenteel 90 % de los matrimonios son arreglados por lospadres, pero eso sí, desde 1921 la mujer hindú obtuvo el derechoal voto

Hay países no musulmanes como lo es Japón en donde usualmentedespués de la noche de bodas se exhibe la sábana nupcial en laventana para justificar una virginidad, pudiendo el esposo repudiara aquella que no haya sangrado. También en Japón, hacia 1980estuvo a la cabeza del hit parade una canción titulada "Tu marido y patrón proclama" y lo que proclamaba era que la mujer no podía ira la cama antes que el marido y debía siempre caminar detrás de él.

Este oprobio de la sábana no es privativo de Japón, Gabriel GarcíaMárquez lo cita asimismocomo costumbre sudamericana[202]

EnChileporejemplolasmujeressoncatalogadascomo"incapaces"enmateriasfinan cierasyestánsometidasala"potestadmarital"alrecibirunaherencia,laleyestableceu nsistema depreeminencia absoluta del hombre sobre lamujer[203]

Estasituacióndedesigualdadeinjusticiahapropiciadoelsurgimientode   diversas organizaciones   de   ayuda   para   la mujercomo:el"Movimientoparalaliberacióndelamujer"enFrancia,

---

[201] Cfr. Vid. Blaine Harden, "Mujeres del Islam: el placermutilado" en Excelsior Sept. 5, 1985

[202] Gabriel García Márquez , Crónica de unamuerte anunciada, Editorial La Oveja Negra-Diana,

Colombia, 1981, 156 pp., p. 53 "La convencieron al fin, de que la mayoría de los hombres llegaban tanasustados a la noche

debodas, que eran incapaces de hacer nada sin la ayuda de lamujer, y a la hora de la verdad no podían responder de sus propios

actos. 'Lo único que creen es lo que vean en la sábana' ledijeron. De modo que le enseñaron artimañas de comadronas para

finjir sus prendas perdidas y para quepudiera exhibir en su primera mañana de recién casada, abierta al sol en el patio de su

casa, la sábana dehilo con lamancha del honor"

[203] "En materia legal eliminar la discriminación contra la mujer chilena, lucha de A, Romo" en Excelsior23 de Octubre de

1986 p. 27-ACodigo Civilde Chile Art. 153 "La potestadmarital consiste en el derecho que tiene elmaridode autorizarlos actos

de la mujer"

la AMES "Asociación de mujeres de El Salvador" nació en ElSalvadorenMarzode1980,elGAM"GrupoautónomodeMujeres" en Quito, Ecuador; en Lima, Perú tenemos el "Centro dedocumentación sobre la Mujer", "Acción para la Liberación de lamujer Peruana" (ALIMUPER), el"Centro de lamujer peruanaFloraTristán"y"CreatividadyCambio";enMéxico,el"MovimientoNacion aldeMujeres",el"Frentedemujeresenapoyoalaluchadelamujercentroamericana"; enEspañatenemos: "Asociación Aquí estamos nosotras", "Casa de la mujer""Ciudadanas" , "Federación de Organizaciones Feministas", entremuchasotras, todas las cuáles han ayudado a las mujeres que solas carecen de fuerza, que sin la cohesión de grupo, no se las reconoce.

La feminización de la pobreza es un fenómeno creciente y son lasmujeres las que reciben la carga más pesadaya que una cuartaparte de las familias del mundo la encabezan mujeres, aunado alhecho de que de los mil millones de pobres que hay en el mundo el 60 % está conformado por mujeres.[204]

---

[204] Centro de Información de las Naciones Unidas para México, Cubay República Dominicana

AVANCES

En México el 29 de abril de 2003 fue aprobada la Ley Federal para Prevenir y Eliminar la Discriminación su órgano es el ConsejoNacional para Prevenir la Discriminación (Conapred). El Consejoeslainstituciónrectoraparapromoverpolíticasymedidastendientesacontri buiraldesarrolloculturalysocialyavanzaren la inclusión social y garantizar el derecho a la igualdad, que es elprimero de los derechos fundamentales en la Constitución Federal.

ElConapredtambiénseencargaderecibiryresolverlas reclamacionesyquejasporpresuntosactosdiscriminatorios cometidosporparticularesoporautoridadesfederalesenelejercicio de sus funciones.

Asimismo, el Conapred desarrolla acciones para proteger a todoslos ciudadanos y las ciudadanas de toda distinción o exclusiónbasadaenelorigenétnicoonacional,edad,discapacidad,condición social o económica, condiciones de salud, embarazo,lengua, religión, opiniones, preferencias sexuales, estado civil ocualquier otra, que impida o anule el reconocimiento o el ejerciciode los derechos y la igualdad real de oportunidades de las personas(artículo 4ºLey Federal para Prevenirla Discriminación).[205]

Como mujer tienes Derechos Humanos

Paralaleydenuestropaísmujeresyhombressomosiguales(artículo4ºconstitucional) porque,antetodo,somossereshumanos, asílo establece nuestra Constitución en las garantíasindividuales que otorga. Por eso, todos los mexicanos contamoscon estos derechos fundamentales.

Existe un acuerdo internacional que protege los derechos humanosde todas las mujeres, se llama "Eliminación de todas las formas dediscriminacióncontralamujer"yMéxicoesunadelasnaciones

---

[205] http://www.e-comunidades.gob.mx/wb2/eMex/eMex_Que_es_el_CONAPRED

que se comprometieron a hacerla valer. Este documento prohibetoda clase de distinción, exclusión o restricción que humille a lasmujeres.[206]

Hahabidoavances,nopodemosnegarlo,tomemosencuentaalgunos indicadores del INEGI, en el 2005 de una población totalde 103.3 millones de habitantes el 51.3 % son mujeres y el 48.7 %son hombres: una relación de 100/95[207]

Por otra parte ha bajado la tasa de nacimientos: de 3.8 hijos pormujer en 1987 disminuyó a 2.2en 2006[208]

En tanto la esperanza de vida para el 2006 en la mujer es de 77.2años mientras que la de los hombres es de 71.8o sea que lasmujeres tienden a vivir mas años y en muchos casos -cada vez mas comunes- llegan en buenas condiciones hasta los 85 o mas.[209]

Asimismo5.7 millonesde hogares son dirigidos por mujeres loque equivale al 23.1 % del total. En el Distrito Federal casi uno decada tres hogarestiene al frente a unamujer.[210]

En cuanto a la división del trabajo dentro del hogar las mujeresdedican 15 horas en promedio a la semana a la limpieza del hogarmientras que los hombres que lo hacen, apenas4 horas. [211]

Para el 2006 sigue la discriminación laboral: teniendo el mismonivel de escolaridad y laborando el mismo número de horas en elmismo puesto de trabajo, las mujeres reciben un 8.8 % menos quelos hombres y en algunos puestos de trabajo como en el caso de los funcionarios públicos esta diferencia es de hasta un 30%[212]

---

[206] http://www.e-comunidades.gob.mx/wb2/eMex/eMex_Derechos_humanos_

[207] INEGI Estadísticas a propósito del día internacional de la mujer Datos Nacionales México Marzo 8, 2007

[208] Ibidem

[209] Ibidem

[210] Ibidem

[211] Ibidem

[212] Ibidem

La participación política sigue en su mínima expresión únicamente el3.5%delas2,443presidenciasmunicipaleslaspresidenmujeres y a nivel federal contamos con 3 secretarias de estado. EncuantoalasmujeresintegrantesdelaactualLXLegislaturaFederal existen 23.4 % de diputadas y 17.2 % de senadoras. Sibienlaley prevéqueporlomenosun30%decandidatosa diputados y senadores deberán ser de un género diferente, en lapráctica sólo tenemos un 20.3 % de legisladoras, contra un 79.4 %delegisladores,yaque,pordiversascausas,notodaslas candidatas se convierten en legisladoras el género femenino tieneun déficit de representación legislativa de 31.5%.[213]

---

[213] LX Legislatura Gaceta del Senado No. 48, 17 de Enero de 2007 Iniciativa presentada por la Senadora Claudia Sofía Corichi García

ACTA EST FABULA

Lo único que no están dispuestos a conceder los hombres a lasmujereslaigualdadreal,mismaeducaciónymismasoportunidades

Debemos admirar el valor de las mujeres al hacer escuchar susprotestas domésticas, al romper la ley del silencio, ante su agobiofrentealaopresiónmasculinayantelaincertidumbredesudestino.Debemosd arnoscuentadequesólonosotrassomosresponsables de nosotras mismas

A aquellos que han llegado hasta aqui por favor pregúntense ¿Quéhago yo por mi madre, por mi esposa, por mi hija, por mi hermana, en fin por la mujer que está en la casa, por la que se desvela, sedesmañana, la que recoge, la que limpia, la que prepara la comida,la que nos escucha, la que se preocupa, la que barre, lava los baños ylaropa,laquelaplanchaylacose,laquecumplenuestros gustos, nos ayuda con las tareas, nos sirve de secretaria, nos cuidacuando nos enfermamos, y en fin hace todo aquello que es la basede nuestra vida y que noapreciamos?

La participación femenina en muchos ámbitos de la vida no hagarantizadosureconocimiento,nimejorassustancialesensucalidaddevida,nilesh aabiertoelaccesoamayoresoportunidades de empleo, de ingreso, o de poder, sino que siguenpercibiendo ingresos menores que los hombres por igual trabajopersistiendo las desigualdades y la injusticia en la práctica.

DecíaMargueriteYourcenar[215]"Creoquelasmujeresestánllamadasatenerungranpa pelenlahistoria,peroesosolamente

---

[214] Acta est fabula: La comedia ha concluídoEn en teatro antiguo se anunciaba así el final de unarepresentación estas palabras las pronuncio César Octavio Augusto en su lecho demuerte (sobrino de Julio Césary sucesor suyo,nacióenRoma en el año63a. de C.)

[215] Marguerite Yourcenar(Nació en Bélgica en 1908) Autora de Las memorias de Adriano y únicamujer miembro de la Academia Francesa citado por Vanidades Año 21No. 10 Mayo 12, 1981, p. 75

será cuando dejen de plantear cuestiones femeninas y comiencen aluchar por las reivindicaciones del ser humano"

No es posible creer en una causalidad única para lograr un cambiosocial como quisiéramos en el estatus de la mujer pues caeríamosenlafalaciadelasoluciónúnicaconresultadosrápidosypragmáticos no podemos asumir una actitud simplista para toda laserie de cambios que son necesarios[216]

Debemos tratar de cambiar profundamente el mundo donde hoyimperan los hombres, respetar las diferencias pero permitir a cadauno vivir la aventura humana que más le convenga a cada uno,tomar del brazo a los hombres y afrontar los problemas de unasociedad que aun no es la nuestra y escoger más libremente nuestra forma personal de ser mujeres ¿cuanto tiempo puede tardar estamutación 5, 10, 20, 50 años no importa, la historia le ha dado a loshombres el tiempo necesario ¿No le puede dar a las mujeres elmismo privilegio?[217]

Desde mi punto de vista es un error —consciente o inconsciente- delosmovimientosenfavordelamujereldequererqueestaliberación sea una imitación ridícula del hombre en palabras deGeorge Sand[218]la libertad de las mujeres debe ser una libertadamorosa, pero sobre todo una libertad creadora

Existe un vacío de realización personal, una monotonía por la faltade acontecimientos relevantes, Las mujeres se creen incompetentes pues la cultura y las habilidades queadquirieron hace años en launiversidad o en la escuela se atrofiaron ya hace tiempo por nohaber ejercitado sus facultades al haber estado recluídas entre lascuatro paredes de sus hogares sólo soñando en una vida diferente,creativa, activa pero sobre todo segura.

---

[216] Cfr. Joseph H. Fichter Sociología pp. 360-361

[217] Ch. Collange op. Cit. Pp. 187-188

[218] (S.A.) "Quand George Sand inventait la femme libre" en Elle No. 1750 Juillet 1979 p. 26 palabras de su obra "Consuelo"

Cfr. Joseph H. Fichter Sociología pp. 360-361

¡Qué diéramos todas por tener una "esposa"! o una sirvienta "deesasdeantes"para poder tener tiempopara pensar ydescansarpara que en vez de vérnoslas con los trastes, los ajos y las cebollasen ese laboratorio que es la cocina solo tengamos que ver conpulcrashojasdepapelparaverterenellasnuestrospensamientos. Y tener quien se ocupe de esos menesteres que ocupan jornadas de24 horas de trabajo efectivo, de ese que no se considera trabajoporque no es remunerado en términos económicos.

Siento que existe una revuelta subterránea de la mujer cansada deltrabajo doméstico, de la mujer que se encuentra esclavizada en laprisión doméstica.

Por ejemplo en Nicaragua después de la revolución sandinista enjuliode1979sedecía"Silamujerpuedeempuñarunfusil¿por qué los hombres nopueden empuñar una escoba?"

Elobjetivoesquelasmujerespuedanasumirotrasfuncionesdistintasdesupapeldomé sticoqueesmenospreciadoyesclavizante, trabajo por el que no percibe un salario y trabajo quees la base de toda la sociedad, es necesario recobrar un equilibrioque les permita integrarse a la sociedad, ya no es posible que lasmujeres en pleno siglo XXI sigamos desempeñando el papel quecumplieron nuestras abuelas antes de la segunda guerra mundial, se debe reconocer el derecho de la mujer de elegir libremente enmateria de profesión y vida familiar.

Vemos por todas partes el fenómeno mundial de la irrupción de las mujeres en todos los rubros de la vida, quiza sea el síntoma del finde una época o de una cultura, no se vislumbra aun lo que vendrá a sustituirelstatuquo,lamujercontinuarásiendoelcentrodereflexión de todos los callejones sin salida en que desembocan lasbúsquedas grupales e individuales en la lucha por la emancipacióndelaculturamasculinaqueprevaleceennuestrassociedades,haciendo la aclaración de que por emancipación no se trata deadoptar el papelmasculino.

Lamujerseencuentraencadenadaalasnecesidadescotidianas, por lo tanto el problemano puede encararse unilateralmente estanto jurídico como económico, tanto educativo como sociológico,por lo que la solución debe ser resultado del esfuerzo colectivo.

Preguntémonos como Pilatos ¿Qué es la verdad? Él no esperó aescuchar la respuesta. No confundamos los hechos con los valores,Por tanto al margen de cualquier consideración moral un sistemasocialquenoapoyaamasdel50%desupoblaciónestácondenado al fracaso.Por tanto "el grado de la emancipaciónfemenina constituye la pauta natural de la emancipación general"[219]noesfácil"comprendertodoloquehaydeinhumanoenlaposición... que la mujer ocupa en lasociedad actual"[220]

En el mundo tan estrecho en que la mayoría de las mujeres nosdesenvolvemos en ese **reino de sartenes y de ropa sucia**, dondenuestra única forma de expresar nuestra libertad se encuentra en sicompramos tomate guajillo o de bola, donde los días felices sedeslizan viendo los éxitos de los demás, y donde nuestras múltiples obligaciones se repiten día tras día, pues arreglar la casa, alzar loque las prisas de los demás han tirado, lavar, preparar el desayuno,la comida y la cena es todos losdías, durante todos los días de lavida, en esa que orgullosamente llamamos "mi casa". "Mi casa", sí porque durante años sufrimos para ir pagando la hipoteca mes conmes, "mi casa", porque todo lo que hay dentro de ella nosotras lolavamos,sacudimos,barremosycuidamos;"micasa"porquedentro de esas cuatro paredes somos **"las reinas"**, unas "reinas"muy fatigadas a las que sus "súbditos" ni las pelan, donde sus"súbditos" les exigen cumplir todas sus exigencias en tiempo yformayademásconbuenacara."Reinas"pues,perosometidasa la perfeccióndentro de esas cuatro paredes que forman sureino,las que escuchan quejas y lamentaciones, las que son amables ygentilescontodos,lasquecuranlomismorasponesqueelalma

---

[219] Engels y Marx, La sagrada familia p. 261

[220] Ibidem p. 260

herida, las "reinas" que aunque estén rendidas, aunque sean las 11de la noche, se paran de la cama para preparar la cena del que llegó tarde.Eneseespaciodondereinamoscasiindiscutiblementetambiénencontramossil encioysoledadytodouncúmulodedeberes y obligaciones y muy pocas satisfacciones y desde luegoningún reconocimiento. Vemos que van pasando los meses y losaños y mas meses y mas años, el marido habla de jubilarse, decuandotendráeltiempoparahaceraquelloquetantodesea,cuando no tenga que trabajar pues podrá vivir de su pensión…¿Ynosotras? Esas "reinas" en algún momento, después de cuantosaños podrán gozar de esa merecida jubilación que reciben todos los quetrabajan,vemosquepasadosmásde30añosdematrimonio, lascosasparalasesposassiguenigual,nohaydescanso,no

obstante,elmaridojuegagolf,sesientaenuncómodosofáaleer el periódico, a ver la tv, gozando el "merecido descanso" que se haganadodespuésde27añosdetrabajo,esesidenominadooficialmente"trabajo",per o¿cuálessonlasexpectativascomo

"amadecasa"como"reinadelhogar"?desdeluegonohayexpectativas estamos condenadas a hacer las mismas cosas día condía y asi a perpetuidad, cocinando, barriendo, limpiando…..

Debemos considerar que a la mitad de la raza humana se le hacausadounmalquelehaprovocadopérdidadepersonalidad, cansancio,desilusiónyprofundainsatisfacciónporlavidaquele hatocadovivir,portantasrestriccionesasulibertad,porlapérdida de la inapreciable riqueza devalor invaluable: el Yo.

No debemos permitir que México continue dirigido sólo por lamitad de sus habitantes, no permitamos más un México a medias.

Las mujeres tenemos escalas de valores distintas, vemos las cosasdemaneradistinta,muchasdelascosasqueloshombresconsideranimportantes anosotrasnonosentusiasmanlomásmínimo;no andamos tras el poder sino tras la seguridad, la paz laestabilidadyunmundomejor,queremosigualdadjurídica,igualdadsalarialporigu altrabajo,igualdaddeoportunidades, igualdaddeeducación,enfineliminartodaslasformasdediscriminación a las mujeres

Debemos actuar sobreponiéndonos con energía a las ambiciones,prejuicios,maniobrasydisputasdelosmediocresqueformanlegiones.

Se requiere cambiar el patrón cultural que produce "machos" y"mujeres abnegadas"es un combate que vale la pena de lucharsepara cambiar el curso de las cosas y el progreso que necesita lasociedad.

"Permítannosexistir,antesdejustificarnuestraexistencia"Jefferson

Lamayoríadelasmujeressoñamosenhaceralgoqueseaverdaderamenteparanosotras,peroestamosagotadas,vivimosdiciéndonos "lo haré cuando tenga un poco de tiempo para mi", laverdad,sabemos,que**eldíatiene24horas,pero¿cuantasde esas horas son para nosotras?** Debemos asimismo comprenderqué se debe cambiar y qué se puede cambiar. Larealidad diaria no se ajusta a nuestras esperanzas, se da por sentado que nosotras nosharemos cargo, los apoyaremos, vigilaremos su alimentación y enfin, cuidaremos a todos los miembros de la familia o sea toda lacarga de las responsabilidades familiares, pero eso lo hacemos sinesperarnadaacambio.Noesuntratojusto,"demasiadoesdemasiado"[221]

Necesitamos poner nuestro cuidado personal y nuestra salud comouna prioridad, si estás exhausta por el exceso de trabajono lesirves a nadie y menos a los que amas. Si siempre pone uno lasnecesidades de otros por encima de las propias, la idea de poner las necesidadespropiasprimeropuedechocarnosperoparapoderhacernos cargo de otros debemos empezar por hacernos cargo denosotras mismas.

---

[221] C. Dowling Vivir los cincuenta p. 83

Si realmente queremos tener éxito en cambiar nuestra vida paramejorar, podemos empezar por hacer una lista de 20 cosas quehayamos pospuesto; comprarnos un regalo, darnos un descanso,leer un rato, hacernos un manicure o un masaje, simplemente parasentirnos bien. Al hacer la lista, cuando consideren sus prioridades, piensen en las cosas que repetidamente les tienen preocupadas yque les quitan el sueño por la noche y posteriormente piensen enquéesloquenecesitanhacerparallevaracabolasnuevasprioridades que nos planteamos en la lista de 20 cosas y de esa lista debemos escoger cinco que podamos eliminar en las siguientes dos semanas, luego debemos ver las tareas que podemos delegar ydeleguémoslas, en tanto mayor sea nuestra preocupación o másdifíciles las circunstancias, necesitaremos más ayuda. Restauremos nuestraenergíaparapoderentonceshacerlascosasquesólo nosotraspodemoshacer,esaserálalistaforzosayestalistaprogramémosla para ir haciendo las cosas en los próximos 30 días.AprendamosasimismoasaberdecirNO,noolvidemoslasprioridades que nos hemosfijadoNecesitamos ser capaces dedecirNOatodaslasdistraccionesyaprenderavivirconelmalestar para poder hacer cambios sustanciales en nuestra vidaRealmentenoesposiblemanejar eltiempocomoquisiéramos,pero sí podemos cambiar nuestro comportamiento para protegernuestras prioridades: podemos bajar el timbre del teléfono paratomar un descanso, colgar un letrero de No molestar en nuestrapuerta, enseñar anuestra familia anointerrumpir nuestro tiempodedescanso,entendiendoquelonecesitamosparapodersernosotrasmismas. Dediquemospuestodoslosdíasuntiempoespecialparanosotrasmismas,consintámo nosunpoco, procuremos que el esposo y los hijos ayuden en algunas tareas delhogar. No aceptemos sentirnos culpables por decir No a algunasexigenciasquenosparezcanirracionalesodesconsideradas,ampliemos nuestros intereses, tomemos algunas clases —incluso sepuedenestudiar carrerasprofesionales gratuitamente por internet[222];

---

[222] www.signiform.com, www.mailxmail.com,www.aulafacil.com, www.emagister.com

procuremosdescansarunpocomáspuessiempresomoslasprimeras en levantarnos y las últimas en acostarnos y además lasquehemostenidoeldíamáspesadocomoclaramentehemosdemostrado a lo largode todo este libro.

Permítanmerecalcarlapalabraquedebesernuestrabandera,la que nos hablará de nuestro valor, la palabra que significa nuestrocorazón y nuestro espíritu, la palabra sagrada: "yo"[223]

Hemos dejado perfectamente establecido que las mujeres estandoen casa están constantemente ocupadas , siempre hay algo quehacer,olvidémonosde"eselavadodecerebro"quenoshaemponzoñado la vida para darnos tiempos de calidad para nosotrasmismas y nuestros seres queridos.Hagamos una relación de cúales son nuestros mayores deseosy preguntémonos qué quisiéramoshacer si sólo tuviéramos diez años de vida, cinco años o seis meses y tratemos de hacer esas cosas que tanto deseamos y que tantohemos pospuesto, no va a pasar nada si dejamos de limpiar aquello queestálimpiooquenoestátansucioperoquenosquitael tiempo que debiéramos emplear en nosotras mismas.

Permítanme terminar con una frase de Martin Luther King: "Cuando veas una lucha justa participa en ella"
Dixi.

---

[223] Cfr. Vid Ayn Rand, Vivir p 164

EPÍLOGO

La mujer no puede aceptar la forma de vida que le ha sidoimpuesta por su género, por el simple hecho de haber nacidomujer,hechoqueimplicaaceptarlasobligacionesquetradicionalmentele han sidoadjudicadas.

Resulta que el simple hecho de nacer mujer u hombre le da acada sexo todo un conjunto de significados, características, leatribuyediferentesfuncionesydeterminadasconductas.Digamóslo así, al niño lo vestimos de azul y le damos camiones, pistolasdejuguete,balones,alaniñaencambioledamosaquello que refleja su futuro como madre: muñecas o juegos de te de plástico para que juegue a "la comidita",el niño participaendeportes,laniñajuegaconsusmuñecas,unosevuelveindependienteyaut osuficienteylaotrasevuelveretraida,tímida,dependienteydelicada.Surgedesdeent onceslaidentidad de género, desde luego condicionada por parámetros previamente establecidos. Las mujeres pues deben cumplir con el "trabajo reproductivo" mismo que debe desarrollarse dentro delhogar,elcuálimplicacriaraloshijos,ocuparsedesus necesidades básicas, alimentación, salud, educación, limpiezade la casa, la ropa, en fin se les condiciona para servir y todoesto con gran abnegación y dedicación, pero existe un "pero"todas estas labores que se realizan dentro del hogar no sonconsideradascomo"trabajo"portantonotienenunaremuneración económica, elúnicoque seconsidera"trabajo" eselqueserealizafueradecasa,elllamado"trabajoproductivo"porelquesepercibeun salarioporeltrabajo realizadodetalformaqueproporcionaunestatusyunprestigio, permite la adquisición de bienes materiales y el pagode servicios, y al mismo tiempo otorga libertad al hombre puestienequesaliralexteriorarealizarlo,lamujerencambio permanence en el universo domestico entre las cuatro paredesde sus hogares. Esta desigualdad básica se convierte en unarelación de poder, el que le da el dinero que percibe el hombrey al mismo tiempo condiciona una relación de subordinaciónfemeninaconlaconsiguienteexplotacióndelasmujeresalconvertirse en las cuidadoras y las servidoras de los demás, locuál tiene una connotación denigrante, las únicas cualidadescon un valor intrínseco son las masculinas, aquellas como lafuerza física, la violencia, la musculatura, la autosuficiencia, laindependencia,peroporencimadetodasestáelhechodeser el proveedor del dinero familiar.

Hemosvistoquealaparecereltrabajoasalariadoentrelos siglosXVIIalXIXésteacabóporimponerseytrajocomocontraparteindispensableelt rabajodoméstico,dadoqueentonces la producción no es ya familiar sino que se desplaza aespaciosfísicosajenosalámbitofamiliar,quienquedaatrapado en el hogar es la mujer, se inventa entonces al ama de casa,mujerimproductivaenlosnuevostérminosyaquenova apercibirunsalario,eselhombrequienseconvierteen"asalariado" por una parte y por la otra en el guardián de lamujer para que esta permanezca en el universo domestico: "Lamujercomolas escopetas cargada yal rincón"

En la nueva etapa capitalista se divide la vida del hombre endos esferas, la privada y la pública en esta se integra el trabajoremunerado con un valor de cambio: el salario, mientras que la mujerentantoquedóacargodelaesferaprivadaqueúnicamenteproduceservicios,no mercancías,portantonotiene un valor salarial, sino un valor de uso, aparece el "notrabajo"dadoqueesunservicioprivadoparaconsumo privado[224]esloquesehadadoenllamar"economíadelcuidado"enlaquelaúnicaaltern ativaquetienenlasmujeres es quedarse cuidando a sus hijos, a los demás dependientes y alos viejos.

Sin embargo, al integrarse las mujeres al trabajo asalariado, alsalir atrabajar ypercibirun salariolas mujeres noquedanredimidas del otro trabajo, el de sus labores tradicionales deama de casa, sino que junto con el salario remunerado la mujerganó además unajornada adicional de trabajo.

El 18 de Diciembre de 1979 la Asamblea General de las NacionesUnidas aprobó la Convención sobre la eliminación de todas lasformas de discriminación contra la mujer Para Septiembre de 198120paíseslahabíanratificadoentrandoenvigor,para1989son casi 100 países .

LaConvenciónfundamentalmentetratadequelamitaddelapoblaciónmundialtengal osmismosderechoshumanosquela otra, la misma dignidad humana, la misma igualdad . Se entiendepor discriminación toda distinción, exclusión o restricción basadaen el sexo en las esferas política, económica, social, cultural y civil o en cualquier otraesfera (Artículo1)[225]

Si analizamos el concepto de la desigualdad de género, vemos queMéxico ocupa el sitio 93 entre 128 países[226]pensemos que Turquía, unpaísensumayorpartemusulmánocupaellugar101,nohay

---

[224] Morales,Patricia"Feminismoyaenlaedadmedia"enUnomasUnoDiarioMéxicoDiciembre15, 1983 p. 21

[225] Parte I, Artículo 1. A los efectos de la presente Convención, la expresión "discriminación contra lamujer" denotará toda distinción, exclusión o restricción basada en el sexo que tenga por objeto o resultado menoscabar o anular el reconocimiento, goce o ejercicio por la mujer, independientemente de su estadocivil, sobre la base de la igualdad del hombre y la mujer, de los derechos humanos y las libertadesfundamentales en las esferas política, económica, social, cultural y civil o en cualquier otra esfera.http://www.unhchr.ch/spanish/html/menu3/b/e1cedaw_sp.htm

[226] Maribel Aguirre Dugua,"Ocupa México el sitio 93 en desigualdad de género entre 128 países" Notimex 5de Marzo 2009

por tanto en México reconocimiento hacia la mujer en ninguno delos ámbitos, ni político, ni social, ni económico, las mujeres somos discriminadas,reprimidas,somosdespedidasporllegaraembarazarnos,percibimos menoressalarios,elmaltratoylaviolencia

A propósito no quise tratar el tema de la violencia en el hogar quees tal vez la forma más generalizada de violencia contra la mujer.Por primera vez en México se consideradelito la violencia sexualejercidacontralasmujeresporsusmaridosgraciasalaLeyGeneral de Acceso de las Mujeres a una Vida Libre de Violencia(2007) misma que "aunque Usted no lo crea"resulta criticada porel órgano de la Arquidiócesis de México "Desde la Fe" en lossiguientes términos:

"En este sentido la Iglesia Católica afirma que una ley que busqueerradicar la violencia contra la mujer es una buena iniciativa quecomprometa a todos los órdenes de gobierno y la sociedad entera,"peronodebemoscaereneljuegodelfeminismoqueintenta enfrentar los géneros y noequilibrar las relaciones humanas"[227] Haymuchostiposdeviolenciaquesonmanifestacionesparaejercer el poder y el control por parte de los hombresque muchasvecesseexpresamedianteamenazasohumillacionescuyoobjetivo es garantizar el dominio y controlque les proporciona un sentimiento de seguridad al tratarlas como seres inferiores. Estaviolencia de género es una violación a los derechos humanos,atenta contra las libertades básicas, contra la libertad de expresión, de movimiento contra la integridad yla seguridadfísica.

Se estima que la mayor parte de muertes por homicidio en mujeres sucededentrodelhogar,perodejemosestoapartehaymuchos

---

[227] Ruth Rodríguez"Critica Iglesia Ley contra violencia aMujeres" en El Universal Diario,México, 18 de Febrero de 2007

otros tipos de violencia y violaciones hacia los derechos humanosde las mujeres que serían tema deun estudio por separado.

Me queda claro que en ciertos estratos de la población ha habidoavances,muchasdenosotrashemostenidoaccesoaestudiossuperiores,tenem osderechoalvoto,hemoselegidoconquien casarnos o qué creencias tener o practicar, quizá tenemos mas voz,muchasdenosotrasahoraescribenenlosdiariosotienenprogramasderadioodete levisión,peronlasmenos,desde luego si el hombre de la casa está de acuerdo podemos trabajar,salvo que se trate de una chica soltera que aun no tiene que rendirle cuentas mas que al padre que en ocasiones también resulta unamuralla infranqueable, poco a poco se han ido derrumbandolosobstáculos, en aras de conseguir ese trabajo remunerado que es elque nos da la verdadera libertad, claro que al llegar al trabajoasalariado nos encontramos con que las mujeres percibimos unsalariomenor queelhombreenelmismopuesto, noobstantevemos que hay una pérdida enorme de autonomía en el caso de lasmujerescasadas,haymuypocasactividadesquenorequierende un "permiso": llevar a los hijos a la escuela, ir al doctor y hacer lacompra, por lo demás todo requiere de un "permiso", el podertrabajar está entre las actividades que requieren de un "permiso".

Unpuntomuyimportanteaconsiderar es,deacuerdoacifras proporcionadasporlaOIT(OrganizaciónInternacionaldelTrabajo) que en esta etapa de crisis mundial el desempleo afectarámas a la mujeres pensándose en una tasa del 6.5 al 7.4e incluso de un 7.8 % El informe de la OIT sobre tendencias mundiales deempleo de las mujeres advierte que la crisis mundial podría generar hasta 22 millones mas de mujeres desempleadas en el 2009.

En México durante 2008 de un total de   1'922,000 desempleados,el desempleo aumentó más rápidamente entre las mujeres que entre los hombres, la tasa de desempleo es del 5.6 % -igual a 695,000desempleadas- mientrasquelatasamasculinaesde4.84%.La mayor parte de las mujeres con un trabajo se dedican al comercio y ladiscriminaciónsalarialesdeun9.5%menosdelsalariopor hora en comparación con el salario percibido por los hombres porel mismo trabajo.[228]

En1952seaprobólaConvenciónsobrelosderechospolíticosde la mujer que tiene que ver con la posibilidad de que pueda votar yser votada ysobre susderechosfundamentalesencuantoa suparticipación en lavida política.

El desarrollo de la equidad de género debe darse con cambios enlas estructuras de poder y su influencia en todas las esferas de lavida.Lasdesigualdadespersistenenlaspolíticaspúblicas,las instituciones y la cultura. Aunque en los países se han aprobadoreformaslegislativas,laspolíticasdeaccióneigualdaddeoportunidades, por lo general, no se cumplen en la práctica.

En cuanto a la equidad de género en México no se ha logrado:dentro de la administración pública las tres mujeres al frente deSecretariasdeEstadorepresentanel15.8%entantoquelos hombresson84.2%,lasmujeresqueocupanpuestosdesubsecretarias son un 20.3 % contra un 79.7 % de los hombres. En cuantoa lasGobernadoras sóloson2mujeresigual al 6.3%contra el 93.7 % de las encabezadas por hombres. En cuanto alCongreso 116 diputadas sólo representan el 23.2 % en la Cámarade Diputados y23 senadoras que representan cl 18.8 % en la deSenadores.Encuantoalasalcaldíasmunicipalesdelos2455 municipiosdelpaíssólo94estánpresididospormujeresigualal 3.8 % y a nivel de diputaciones locales las cosas no mejoran enpromedio haysólo un17 % de mujeres[229]

---

228 INEGI Encuesta Nacional de Ocupación y Empleo

229 Reforma Diario Gráfico estudios para el adelanto de las mujeres y la equidad de género 8 de Marzo de 2009

De hecho **el reconocimiento de las mujeres como ciudadanassigue siendo de segunda clase** puessolo podemos hablar de"gradosdeexclusión"yaque**lasmujeressólopuedenserelegidas en una proporción de 30-70** en palabras de la DiputadaMarcela Lagarde se trata de una "exclusión legalizada" no basta la igualdadnuméricasinoesnecesariatambiénlaigualdadcualitativa [230]

EnMéxicoelCódigoFederaldeInstitucionesyProcedimientos Electorales(Cofipe)señalaquelospartidospolíticostienenla obligaciónde"procurarlaparidaddelosgénerosensusórganosdedirecciónyenlasca ndidaturasacargosdeelecciónpopular".Enlaseleccionesdeesteaño,ningúngénerop odrárebasarel70%delascandidaturas.Yel InstitutoFederalElectoral(IFE)puedenegar el registro a los partidos que no cumplan con este requisito.AsípuesenAméricaLatinaexistenimportantesdesigualdades hablandoentérminospolíticos,sólo3paísesdelaregióncuentan conunatercerapartederepresentaciónfemenina:Argentina,Cuba y Costa Rica, en México como vimos apenas llega a un 20%

En España en cambio la tasa de ocupación masculina es de un 54.38 % y la de la mujer del 45.61% una diferencia que representa 267,900 mujeres menos que no tienen trabajo en comparación con los hombres ocupados[231]

Curiosamentelasmayoresbrechassalarialessedanamayores nivelesdeeducaciónymientrasmasaltasealajerarquíainstitucional menos mujeresse encontrarán en ella.

Unpuntoquenosehatomadoenconsideraciónesquesise aumentalaparticipaciónfemeninaenelmercadodetrabajo,esas

---

[230] México: Diputada Marcela Lagarde pide Constitución con equidad de género 13 de Julio 2005, www.mujereshoy.com/secciones/3211.shtml

[231] Datos UGT Madrid 2009 http://ania.urcm.net/noticia.php3?id=27280&idcat=8&idamb=2

mujeres tendrían mayor capacidad adquisitiva, lo cuál se reflejaríaen un mayor potencial de compra en bienes a los que normalmenteno tienenaccesopor cuidar elgasto familiar.

Otro punto poco analizado es que las familias sólo pueden subsistir con dos salarios conformados por el del padre y el de la madre,trabajo que ha generado una sobrecarga de trabajo para la mujeral tener que hacer los trabajos del hogarel "no trabajo" el trabajoasalariadoloqueocasionala"doblejornada"loquepuedeocasionar a futuro una reducción en la esperanza de vida de lasmujeres hasta de un 3 %,actualmente la esperanza de vida de lasmujeresesdecincoañosmasquelosvarones(enlasmujeresde

77.5 y en los hombres de 72.7 según datosdel INEGI 2008)

En la mayoría de los países, las leyes sociales no garantizan losderechos de las mujeres o no se aplican. Los temas de génerocontinúan considerándose como exclusivos de las mujeres. A lasmujeres se les excluye del mercado laboral por el desempleo, porformas precarias de inserción laboral, por formas de trabajo noremuneradasyporfaltadeoportunidadesparadesarrollarsupotencial. Las mujeres se encuentran en posición de dependenciaeconómicalocualsereflejaeninjusticia,desigualdad,subordinación,d escalificacióneinequidadrespectodeloshombres.

Aspectoscentralescomoelaccesoequitativoalosrecursosproductivos, la igualdad de ingresos y salarios por igual trabajo , la igualdaddeoportunidades,accesoparaocuparcargosderepresentación, no han sido entendidos todavía como asuntos queatañenalademocracia,latransparenciaylaciudadanía.Laequidad de género no es considerada por la sociedad como unelementofundamental para eldesarrollo.

Haypuesgrandesdesequilibrios:lasmujeresgeneralmentetrabajanenempleostradi cionalmente"femeninos"estohapropiciado la segregación del mercado de trabajo.

Las mujeres al tener que ocuparse del marido y de los hijos tienden a trabajar sólo tiempos parciales con el consiguiente perjuicio a sucarrera profesional y a sus ingresos.

Supresenciaenlospuestos directivosdelasempresasescasi inexistente.

Las mujeres ganan en promedio un 15 % menos por hora trabajada que los hombres en el mismo puesto.

Aunado a lo anterior interviene la edad, las mujeres mayores de 50años o con hijos difícilmente pueden conseguir un trabajo.

Además de esto las empresas prefieren contratar a hombres que amujeres, ya que consideran que el trabajo no se considera propiopara el sexo femenino y pese a que las mujeres tienen una mayordestreza, responsabilidad y productividad en muchos sectores lasempresas prefieren a los hombres por considerar que tienen mayorresistenciafísicaymenosproblemasdehorario(sectordelaconstrucción)

Debemos pues lograr el mismo sueldo por el mismo trabajo y elmismo trato en la vida política, pero en esta época de crisis dondeloquenohayesdinero,podemospensarquehabráun estancamiento si no un retrocesoya que generalmente son lasmujeres las primeras en perder el trabajo, hay menos recursos encirculación, por lo que son las que se quedan en casa a cuidar a los niños y ancianos cuando no hay dinero para pagar a una persona oa una guardería que los cuide por nosotras.

Alperdereltrabajolasmujeresvenreducidosirremediablemente

sus fondos de pensión para la vejez, el nuevo sistema de Afores las limita, dejan de cotizar por tanto dejan de ahorrar y a futuro elpanorama de su ancianidad es totalmente incierto, veo a muchasmujeres en la pobreza, **sabemos que los más pobres de los pobresson mujeres. La falta de igualdad entre hombres y mujeres es unacausa importantede pobreza, esdecir la desigualdad crea**
más pobreza.

Lasmujeressomosrecursossubutilizadosparacontribuiraldesarrollo no se puede hablar decombate a la pobreza, sin trabajar el tema equidad degénero en una forma consciente y seria.

Creoqueesmomentodeidearnuevasformasdeproducciónfemenina,de fomentar la creación de cooperativas, organizarnos,reunirnos en grupos de autoayuda , de cooperación mutua, en esaformaalgunascuidanaloshijos,otraspuedenproducirlosartículosparavenderyot rasvenderlosdirectamente,estohafuncionadoenmuchascooperativaslashayqueim pulsanelturismo rural en Grecia, las hay para la autoconstrucción, para lafabricación de artesanías, para la maquila de ropa. La mujer tieneque participar no sólo como mano de obra de las actividades de lacooperativa,sinotambiénenlatomadedecisionesyenlaadministración de los recursos. Debemos exaltar la solidaridad degénero, uniendo las fuerzas conjuntas de lasmujeres para mejorary ampliar nuestras condiciones de vida y la superación necesaria.

Creoqueloquesehaplanteadoaquínoes otracosaqueel cumplimiento de los derechos humanos básicos, igualdad entrehombres y mujeres, igualdad frente a la ley, igual participaciónsocial, económica, salud, seguridad, autonomía, acceso a bienes,no sufrir violencia,no ser sometida a servidumbre, poder serelectaparacargospúblicosytenerderechoavotarytenerigualdad de oportunidades.

En páginas anteriores decía que la mujer es considerada ciudadana de segunda aunque las mujeres constituyenmas de la mitad de lapoblaciónmundialyvivenmasañosqueloshombres,tienen menor calidad de vida y sus derechos se violan sistemáticamente.

Se requierede acciones concretas que permitan avanzar en ladifícil tarea de construir un país más justo y democrático. Bajo elsupuesto de que al tratar de igual manera a los que son desigualesperpetúaladesigualdad,debendarsemedidastransversalesafin de que se patentice la igualdad de condiciones para ambos sexos(empleo, educación, desarrollo, etc.)

Deben cambiar los estereotipos sobre el papel que debe jugar lamujer, así como las tradiciones y costumbres que discriminan a lamujer no sólo en la esfera privada sino en la vida pública.

Se deben modificar los patrones socioculturales de conducta a finde eliminar todo prejuiciobasado en la idea de inferioridadosuperioridad de un sexo. Las mujeres demandamos una vida sintemores lo que significa sancionar la violencia en lo doméstico, en losexual,entodoloqueimpliqueviolacióndelosderechoshumanos,confrontandoelr acismo,afirmandoelderechodemovimientos sociales, como el de las mujeres y respetando losacuerdos internacionales.

La maternidad debe entenderse como función social y como unaresponsabilidad común delpadre y delamadre.

Derecho al trabajo, derecho a igual remuneración, derecho a laseguridad social, prohibir los despidos por causa de un embarazo,derecho a obtener préstamos y créditos, a participar en actividades deportivas, culturales, atención médica, igualdad jurídica frente alaley.Esindispensablemodificarlospatronessocioculturales para eliminar estereotipos basados en la costumbre y que se basenenlaideadeinferioridadosuperioridadsexista.Estospatrones

culturalesgeneralmenteimplicanqueelámbitopúblicoesmasculino   y   el
domésticoes puramente femenino.

Unadelasprincipalesformasdecombatirestadesigualdades dentro del hogar, es a
mediano plazo mediante la educación de loshijos, las mamás somos en muchas
ocasiones culpables del sistema de cosas imperante, debemos educar a los hijos
varones   con
lasmismasobligacionesdentrodelhogarquelastareasqueencomendamosalashijas,
nosotrasmismaspropiciamosqueel hijo no haga la cama porque "eso no es de
hombres", sin embargoesas tareas sí las pueden hacer las niñas,un hijo no lava
los trasteso no ayuda a barrer o a recoger su ropa, sin embargo son las
niñasquienes ayudan a la mamá en esas y muchas otras tareas dentro del
hogar.Debemosasimismodarlesalasniñasjuguetesque estimulen su imaginación,
¿por qué no darles un juego de química,unas canicas, un trompo, un tren
eléctrico, un balón? ¿por qué lesdamos muñecas y mas muñecas? Ya desde la
cuna las estamoscondicionando. Debemos igualmente enviar a las niñas a
escuelasmixtas para que aprendan a competir con los hombres desde laescuela.
En   este   mundo   coexistimos   los   dos   sexos,   las
mujeresdebemosdesaberenfrentarnosaloshombresenigualdaddecircunstancias,
yo erradicaría las escuelas sólo para niñas que loúnico que hacen es aislarlas y
no las enseñan a convivir con el otrosexo.

Resultairónicoquelasmujeresquetradicionalmentehansido
cabezadefamiliasoninvisibles,hansidoexcluidasyprácticamente   carecen   de
derechoshumanos.

Por otra parte podemos considerar que la igualdad de género seconsidera
actualmente como índice de desarrollo de un país, comofuente de riqueza
económica y como impulsor de la productividad,un país pues donde reine la
igualdad.

Se requiere capacitación, enseñanza, acceso de todas las niñas a laescuela.

Programasdesalud,integraciónentrabajosproductivos,participaciónpolítica,enfin ,lograrunaconvivenciahumanaincluyente, respeto mutuo y oportunidades iguales.

Debemosprivilegiarlosderechoshumanosporsobreconsideraciones   que diferencien hombre-mujer, eliminando todolenguaje sexista, evitar estereotiposy   conceptos   que privilegiencualidades"masculinas"oreferenciasalasuperioridadmasculina   y cerrar la brecha entre hombres y mujeres. Luchar por un acceso a la salud y contra la discriminación médica, lamayor repercusiónde la pobreza en las mujeres, laviolencia,etc.

La mujer es pues un ser humano, es una persona y debe ser tratadacomo tal, merece igual respeto, iguales oportunidades y goza deigual dignidad que el hombre, de ser un sujeto pasivo debe asumirun papel activo.

Ladesigualdadpuedecombatirseatravésdepolíticaspúblicasy de leyes, trabajando en   busca   de   un   mejor   presente,   se   deben puesmodificarlasleyes,laspolíticas,presupuestos,laculturainstitucional,   los análisis   de   losproblemas   sociales,   en   los tresnivelesdegobierno:federal,estatalymunicipal,afindeincorporar políticas de equidad,   porque   son   pocas   las   acciones quesellevanacabo,crearunaestructurainstitucionalfuncionale instrumentar los mecanismos   necesariospara   que   las   acciones queseemprendanseconviertanenrealidades.Senecesitanosólo voluntad política sino una verdadera disposición al cambio.

ParaterminarpermítanmecitarlaConstituciónPolíticadelosEstados   Unidos Mexicanos   en   sus   artículos   Primero   y   Cuarto:

CONSTITUCION POLITICA DE LOS ESTADOS UNIDOS MEXICANOS

Titulo Primero

Capitulo 1 de las garantías individuales Artículo 1
En los Estados Unidos Mexicanos todo individuo gozara de lasgarantíasqueotorgaestaConstitución,lascualesnopodránrestringirse ni suspenderse, sino en los casos y con las condicionesque ella mismaestablece.

Esta prohibida la esclavitud en los Estados Unidos Mexicanos. Los esclavos del extranjero que entren al territorio nacional alcanzarán, por este solo hecho, sulibertad ylaprotección de las leyes[232]

Queda prohibida toda discriminación motivada por origen étnico onacional,elgenero,laedad,lasdiscapacidades,lacondiciónsocial,lascondicionesd esalud,lareligión,lasopiniones,laspreferencias, el estado civil o cualquier otra que atente contra ladignidadhumanaytengaporobjetoanularomenoscabarlosderechos y libertades de las personas.[233]

Artículo 4
Elvarónylamujersonigualesantelaley.Estaprotegerála organización y el desarrollo de lafamilia.[233]

La Ley existe, ahora hay que aplicarla y hacerla valer para que nose convierta comotantos otros preceptos en letra muerta.

---

[232] Adicionado mediante decreto publicado en el Diario Oficial de la Federación el 14 de Agosto del 2001 [233] Reformado mediante decreto, publicado en el Diario Oficial de la Federación el 04 de Diciembre del2006

[233] Reformadomediante decreto publicado en el Diario Oficial de la Federación el 31 de Diciembre de 1974

¡Mismos derechos, mismas oportunidades!

BIBLIOGRAFIA

Acosta, Aurea "Lamujer produce más del 50 % de los alimentosenpaísespobres"enExcelsiordiario,México,Septiembre14, 1979 pp.13-16

AguirreDugua,**Maribel,**"OcupaMéxicoelsitio93endesigualdad de género entre 128 países"Notimex 5 de Marzo 2009

Aretz, Gertrude, Mujeres famosas en la historia universal, México,Cia. Editorial Continental, 1955, 356pp.

Asturias, Miguel Angel, El señor presidente, 21a. ed., Argentina,Ed. Losada, 1976, 298 pp. (Biblioteca Clásica y ContemporáneaNo. 343)

Aufrett,J.P.,(Rhône)"Laviedesfemmes"enMarieFrance,Revista France, Juin 1982, No. 316, p. 21

Beauvoir,Simonede,Thesecondsex,USA,VintageBooksEdition, 1974, xxxiv + 814 + xiii pp (Vintage Books 227)

Brothers, Joyce, El arte de ser mujer, (s.d.) Colección Libro Hogar, Publicaciones Dearmas, Venezuela, 112 pp.

CasillasOntiveros,Ofelia;"Larevaloraciónsocialdelamujeren el núcleo familiar", El Sol de Toluca, Diario, Abril 25, 1988, p. 9

Cartland,Bárbara,Unbesoinolvidable,MéxicoEd.Harmex,1980, 160 pp. (No. 14)

Castelazo, José R. "Nuestra Clase gobernante" ¿Quién es quién enlaAdministraciónPúblicadeMéxico?,FacultaddeCiencias

Políticas y Sociales de la UNAM y el Centro de Investigaciones en Administración Pública, México, 1984, 460 pp.p. 2

Castillo, Fausto, "Los destinos fatales"en El Día Diario MéxicoSeptiembre 25, 1979 p. 18

Clavell, James, La Casa Noble 2Vs, México, Lasser Press, 1982Vol. II, 798 pp.

Collange, Christiane, Je veux rentrer à la maison, 1a. ed., Paris,France, BernardGrasset, 1979, 190 pp.(Collection Humeurs)

Constitución Política de los Estados Unidos Mexicanos, México,1993

Crew, FAE, Sex determination, Londres, 1954

Custodio, Isabel, "La Eva Disidente, ¿En qué trabaja su mujer?" en Excelsior Mayo11, 1986, p. 10

Custodio,Isabel,"LaEvadisidente.Lamujeryelestado"en   Excelsior,Noviembre 18, 1984, p. 17-B

Custodio,Isabel"Limitacióndelospapelesfemeninos.La   operación   patriarcal sobre la mujer" en Excelsior diario México,Septiembre 28, 1983 p. 7.

De la Peña, Sergio, "Mujer que trabaja, hombre que descansa" enExcelsior, Diario,Noviembre 11, 1986 pp. 7-8

De Miguel, Armando El miedo a la Igualdad Varones y mujeres en una sociedad machista 1a. ed., España, Grijalbo, 1975, 240 pp.

Desouches, Dominique, "Enquête Le temps choisi: une revolutiontranquille" en Marie France Rev. Mensuel No. 327 Mai 1983, pp.12-15, 115.

Domingo,Alberto,"RespetoMutuobasedelaconvivenciahumana" en Claudia, Revista,No. 193 Octubre 1981 p. 88

Dowling, Colette, El complejo de Cenicienta. México, Grijalbo,1994, 284 pp. (Relaciones Humanas)

Dowling, Colette, Vivir los cincuenta; 1a. ed., Barcelona, España,Grijalbo, 1996, 323 pp.

Durrani,Termina,Miseñorfeudal,España,MuchnikEditores, 1994, 426 pp. (Testimonio. Los Narradores)

Elías, Animu, ¿Cuanto vale el trabajo doméstico? En Kena revista,México.

Engels Federico y Marx, Karl, La sagrada Familia

Espejo, Beatriz, "Si no hubiera maridos pudiera haber escritoras"en Revista Claudia, Octubre 1981, pp. 104-105

Estrada,ElsaRdeetall.,"Elprecioquepaganlasmujeresmexicanas por liberarse" en Contenido Revista México, Octubre1981 No. 221, pp.28-43

Fichter, Joseph H., Sociología

French, Marilyn, Mujeres, Trad. Iris Menéndez Bogotá. Colombia, Ediciones Nacionales Círculo de Lectores, 1979, 493 pp.(Círculode Lectores)

Fromm, Erich, Theart of loving, Londres 1969

Fuller,Margaret,"ThegreatLawsuit"pp.144-182,enThe feminist papers byAlice S. Rossi

GarcíaLorca,Federico,LacasadeBernardaAlba,México, Porrua, 1985 (Sepan Cuantos No. 255) 251 pp.

GarcíaMárquez,Gabriel,CrónicadeunaMuerteanunciada, Colombia, Editorial La oveja Negra-Diana, 1981, 156 pp.

Greer,Germaine,Eleunucofemenino,Trad.LeonorTejada,1a. ed., México, Editorial Azteca, 1972

Hailey,Arthur,Traficantesdedinero,Trad.EstelaCanto,México, Editorial Riomar,1976, 428 pp.

Harden,Blaine,"MujeresdelIslam:elplacermutilado"en Excelsior Septiembre 5, 1985,

Hendrix,Kathleen,"Fund:TheBusinessofAidingWorld's Women" en Los Angeles Times Diario, Agosto 29, 1984 pp 1 y 14

Homans, George C., El grupo humano

Idalia,María,"Evolucióndelaideadelfeminismoenelprograma de Margarita Isabel"enExcelsiorFebrero 1o.,1980 p. 1 y 3

INEGIEncuestaNacionaldeOcupaciónyEmpleo(ENOE)
http://dgcnesyp.inegi.gob.mx/cgi-win/bdieintsi.exe/NIVI100085

James,P.D.Sangreinocente1a.ed.México,Edivisión,1981,280 pp.

Jules,Henry,Lacultura contra elhombre, México,SigloXXIEditores, 1967, 437 pp. (El mundo del hombre, antropología ylingüistica)

Lafollette, Suzanne "Concerning women" (1926), in Alice S RossiThe feminist papers. p. 555

Lamas,Martha,"Feminismo:másalladelaborto"enUnomas Uno diario MéxicoFebrero 25, 1982 p. 5

La Mont, Alfredo, "Sin Maquillaje" en Excelsior 13 de Junio de1999 p. 2-B

Lavinas,Lena,"Eltrabajodaautonomíaalamujer",extractode Le Monde, Paris, France. Octubre 3, 1979, publicado en Excelsior,Octubre 4, 1979 pp. 20-22

Linton, Ralph, Estudio del Hombre, México. FCE, 1942

LoftsNorah, Charlotte, Argentina,Javier Vergara Editor, 1980,333 pp.

López, Ana María, "Ikram Antaki analiza 30 años de feminismo"en Redes, Año 5, No. 191, Marzo 22, 1999, Toluca, México p. 20

MartinReig,Marisol,"EldivorcioenMéxico.Alertalas conciencias" en Excelsior, Noviembre3, 1979pp. 1 y 5

Mc Cullough, Colleen, El pájaro espino

Morales, Patricia, "Feminismo ya en la edad media" en Uno masUno, Diario, México, Diciembre 15, 1983, p. 21

Morales, Patricia, "Hombres y Feminismo" Uno mas Uno Diario,Marzo 23, 1982   p.20

MoralesPatricia,"Lamujeranteeldinero"enUno masUno, diario, Octubre18, 1982, p. 18

Morales, Patricia, "Nietzsche y la mujer" en Uno mas Uno diario,México, 5 deOctubre de 1981, p. 20

Müller-Kaldenberg, Rieke, "Causa polémica el libro Madres conuna profesión" (Bonn, A.N.S.A.) en Excelsior diario, Octubre 15,1981, p. 30-B

Musacchio,Humberto,"Lasmujeresporsucondiciónsonlasprimeras víctimas en épocas de crisis" en Uno mas Uno diario,Noviembre 27, 1982, p. 19

Nietzche, Federico, Asi hablaba Zaratustra, Editores MexicanosUnidos, 8a. ed., México 1983 282 pp.

Nietzsche, Federico, Más alla del bien y del mal, México, EditoresMexicanos Unidos, 1981

Norden, Peter, El derecho de la mujer a tener dos hombres 1a. ed.,España, Grijalbo, 1975, 250 pp.

Piaget,Dr.GeraldW.,Personasdominantes,Argentina,Javier Vergara Editor, 322 pp. (Paravivir Mejor)

Polidori, Ambra, "La mujer en la economía sumergida" en Unomás Uno diario México, Mayo7, 1984 p. 19

Polidori, Ambra, "La nueva estrategia del machista leninista" enUno Más Uno, Diario, 30 de Mayode1980, p. 17

Ramos Samuel, El perfil del hombre y la cultura en México 2a. ed., Argentina, EspasaCalpe,   1952(Colección   Austral   1080)

Rand,Ayn,Vivir,Barcelona,España,LuisdeCaralt,(1946sd) (Torre deMarfil)

Revista Selecciones Marzo, 1982

Rodríguez,Ruth,"CriticaIglesiaLeycontraviolenciaaMujeres" en El Universal Diario,México, 18 de Febrero de 2007

RodríguezSaravia,Patricia,"¿Engels,feminista?"enExcelsior, Diario, Julio 4, 1986 p. 4

RosalesZ,Patricia,"ElenaPoniatowskarecuerdaatresliteratas mexicanas" en Excelsior, Agosto2, 1984, p. 8

Rossi, A. The feminist papers, Bantam Books, 1974

RuizGuinazú,Magdalena,"DedominioPúblico",Revistadela Nación, Argentina,No. 550, Enero 20, 1980, p. 12

(S.A.)"Carrière aufeminin"enMarieFranceNo. 316, Juin1982p. 20

(S.A.) Centro de Información de las Naciones Unidas para México, Cuba y Repúbica Dominicana,http://www.unam.mx/cinu/mujer/m2.htm

(S.A.)"En materia legal eliminar la discriminación contra la mujerchilena, lucha de A. Romo" en Excelsior diario, México, Octubre23, 1986, p. 27-A

(S.A.)"Laluchaporelvotoparalamujer"enVanidades,Revista, Año 18No. 25, Dic. 12, 1978 p. 101

(S.A.)"Lasmujeresreligiosasyladiscriminación"enExcelsior, diario, Octubre30, 1984, p. 36-A

(S.A.)"NodiscriminaránporelvestidoaescolaresdeEU"en Excelsior 21 de Noviembre de 1979, p. 36-A

(S.A.)"Ochentahorastrabajanlasmujeresporsemana;los varones cuarenta" en Excelsior, Enero 3, 1982, pp. 17-20-B

(S.A.)"Oui,lesfemmess'interesentàlapolitique"enMarie France, Avril 1981, No. 302 pp. 72-81

(S.A.)"QuandGeorgeSandInventaitlafemmelibre"enElleNo. 1759, Juillet 1979 p. 26

(S.A.)"Unaexposiciónsobrelas'TareasDomésticas',enBonn" en Excelsior, Diario, México, Septiembre 13, 1984 p. 6-B.

(S.A.)"Gráficoestudiosparaeladelantodelasmujeresyla equidad de género",Reforma Diario, México 8 de Marzo de 2009

(S.A.) "Reporta elInegi 695 mil mujeres desocupadas", Reforma Diario, México8 de Marzo de 2009

Safran,Claire,"Equalpayforcomparablework"enRedbookRev. Nov. 1981 pp. 78. 153.

Santa Biblia, EUA, Sociedades Bíblicas Unidas, 1989

Sarmiento,Sergio,"Mujerymadre"enReforma,diario,Mayo10, 1995 p. 8-A

Scrimgeour,GJ,Unamujerdesutiempo,1a.ed.,México,Lasser Press, 1982, 531 pp.

SecretaríadeProgramaciónyPresupuesto,Estadísticasobrela MujerInventario,APP,México,EncuestaContinuasobreOcupación Serie I Vol. 7 Primer Trimestre, 1979

Serrano,Marcela,NuestraSeñoradelaSoledad,México,Alfaguara, 1999, 247 pp.

Sheehy,Gail,Passages.Predictablecrisisofadultlife,USA,Bantam Book, 1976, 560 pp.

Shreve, Anita, "Ya laboran dos tercios de las madres en EstadosUnidos" en Excelsior, Diario México, Septiembre 18, 1984, pp.1,3F

Sistema de Indicadores para el Seguimiento de la Situación de laMujer en México (SISESIM) Instituto Nacional de Geografía eInformática, Secretaría del Trabajo yPrevisión Social

Solórzano, Ma. Del Carmen, "La mujer y el proceso económico.Integraciónaltrabajoasalariado"enExcelsior,Octubre22,1981pp. 3 y 4; Octubre 23, 1981 pp. 3 y 7

Steinem, Gloria, "How women live, vote, think" Oxford University Press ThePublic Opinion Quarterly, Vol. 50, No. 3, 1986

Stuart Mill, John, "Prestige from the other sex" in Alice S. Rossi,The feminist papers, p. 191

Stuart Mill, John, "The subjection of women" in Alice S Rossi The feministPapers,pp. 196-238

Tinoco,Imelda."ClementinaBassols,unadelasmujeresmás activas del siglo" en Excelsior, Marzo 15, 1979 pp, 1 y 4

TolstoiWallach,Anne,Domina,Argentina,JavierVergaraEditor, 1982, 431 pp

Travis,Gretchen,Elinquilino,BuenosAires,Argentina,Javier Vergara Editor, 1978, 307 pp.

Yourcenar,Marguerite,entrevistaRevistaVanidadesAño21,No. 10 Mayo 12, 1981 p. 75

http:/dgcnesyp.inegi.gob.mx/cgi-

win/sisesim.exe/www.cimacnoticias.comwww.mujereshoy.com/secciones/321

1.shtmlhttp://ania.urcm.net/noticia.php3?id=27280&idcat=8&idamb=2

ÍNDICE

De la Autora

MERCEDES COSSÍO

Licenciada en Ciencias Diplomáticas por la Universidad Nacional Autónoma de México. Maestría Internacional en Cocina Profesional por Esneca Business School, Spain. Especialidades: The Science of Gastronomy; The New Nordic Diet-From Gastronomy to Health; Stanford Introduction to Food and Health; Transformation of the Global Food System; Everyday Chinese Medicine I - II . Ha sido profesora en la Facultad de Ciencias Políticas y Sociales en la UNAM y en la Universidad Autónoma del Estado de México. Articulista, editora y ensayista, es autora de los libros: "El control de la política exterior: el caso de México", "La esclavitud ignorada, investigación sobre la situación de la mujer", "Género y equidad" en el libro Los avances del México contemporáneo: 1995-2015, (Vol II pp. 157-170).
Entre otras actividades, se ha dado a la tarea de recuperar antiguas y sofisticadas tradiciones culinarias de México y de publicar diversos libros de gastronomía: "Las recetas de mis abuelas a mi manera", "Sabores en mi memoria", "Con sabor mexicano". Anteriormente formó parte del Consejo de Oreico de México y actualmente forma parte del Consejo Directivo de Sixty Six Corporation México

www.ingramcontent.com/pod-product-compliance
Lightning Source LLC
Chambersburg PA
CBHW080914260726
48661CB00009B/3655